Gunnar Klehm

Der Fluthelfer

NICHTS IST SO SPANNEND WIE DAS WAHRE LEBEN

edition Sächsische Zeitung

Gunnar Klehm

Der Fluthelfer

NICHTS IST SO SPANNEND WIE DAS WAHRE LEBEN

edition Sächsische Zeitung

Dieser Roman beruht auf wahren Begebenheiten,
Namen, Charaktere und einige Orte sind allerdings frei erfunden.

IMPRESSUM

 1. Auflage: Juli 2012

Layout Dresdner Verlagshaus Technik GmbH, Antje Madaus
Druck Scandinavian Books

Titelmotiv picture-alliance / dpa/dpaweb, Rainer Jensen

ISBN 978-3-943444-00-1

Prolog

Dramatische Nacht

Das Wasser schlägt wild um sich. Es hat Anna endgültig umzingelt. Aber sie ist fit. Das zahlt sich aus in dieser dramatischen Nacht. Das Geländer, das den untergegangenen Gehweg immer noch von der Fahrbahn trennt, ist schmierig. Hier fuhren vorhin noch Autos durch Freital. Die Fahrer wollen nur raus, raus aus der Landeshauptstadt, raus ins Grüne. Oder umgekehrt. Freital ist nur Durchgangsstation. Jetzt auch für die Wassermassen, die sich nach stundenlangen Unwettern über den Tälern des Osterzgebirges in die Stadt ergießen. Das schmale Tal füllt sich. Die vereinigte Weißeritz steigt ohne Unterlass. Das Flüsschen schickt sich an, sich deutschlandweit einen Namen zu machen. Die nächste Flutwelle rollt an. Sie reißt ein Auto mit sich. Ohne Fahrer. Er hat sich retten können. Jetzt würden sich nicht mal mehr Wildwasserkanuten ins Gelände trauen.

Anna hat immer mehr Mühe, sich an ihrer rettenden Insel, dem Fußweggeländer, festzuklammern. Die Finger können das kalte Metall nicht vollständig umfassen. Nur ein winziges Stück fehlt. Aber es fehlt. Es könnte so leicht sein, sich zu halten. Doch es wird immer schwerer. Der Holm des Geländers, der nur noch Zentimeter aus den Fluten ragt, bläht sich unter ihren Handflächen. Nachfassen. Anna presst den Oberkörper auf den Holm. Mit dem linken Fuß sucht sie unter Wasser verzweifelt nach einem Widerstand. Überall ragen schiefe Gehwegplatten auf. Warum hier nicht? Sie rutscht immer wieder weg. So sehr sie auch ihr Gewicht auf den anderen Fuß verlagert, Millimeter um Millimeter treibt sie ab. Beim Bergsteigen wäre sie längst abgestürzt. Allein mit den Händen kann man sich nicht lange halten. Das weiß die erfahrene Kletterin. Immer wieder klirrt Schwemmgut gegen das Metall. Der Stahl vibriert, will Anna endgültig abwerfen. Doch die schlingt nun ihre Arme um die rettende Stange. Es ist der einzige Halt in diesen tosenden Fluten. Das Wasser zerrt an ihren Beinen. Sie verliert das Gleichgewicht. Sinkt nieder. Festhalten. Nur nicht loslassen.

Das verdammte Wasser ist höchstens einen Meter tief. Aber die Strömung reißt Anna fast die Kleider vom Leib. Der neue Sommerrock hängt schon in Fetzen. Irgendein scharfkantiges Unterwassergeschoss hatte sich verfangen. Die nackten Beine schmerzen. Das Wasser ist kalt. Wunden. Sie müsste doch Wunden haben. Mülltonnen, Kühlschränke, ja sogar Baucontainer treibt die wild gewordene Weißeritz vor sich her. Kleineres Treibgut ist jetzt nach Anbruch der Nacht nicht mehr genau identifizierbar. Aber die harten Stücke schmerzen, wenn sie über Annas Füße poltern. Die Schuhe hatte sie noch ausgezogen, als sie sich aufmachte, schnell mal über die Straße zu waten. Längst sind die roten Riemchenschuhe davongeschwommen. Ob sie schon in Dresden sind? Wieder zurück, genau dort in der Auslage des Schuhgeschäftes an der Prager Straße, wo sie Anna erst gestern gekauft hatte? Auch dort peitscht inzwischen das Flüsschen Weißeritz alles nieder, was sich ihm entgegenstellt. Von Annas Überlebenskampf weiß in Dresden aber noch keiner.

Die Straßenbeleuchtung an Freitals Magistrale und allen Querstraßen ist seit Stunden abgeschaltet. In den Häusern sieht man nur hinter einigen Gardinen einen dünnen Kerzenschein. Steht da etwa jemand am offenen Fenster? Kann er mich hören? Funzelt da etwas auf dem Balkon? Anna ist der Verzweiflung nah. Das Gurgeln des vollgestopften Wassers ist einfach zu laut. Sie nimmt die Dinge um sich herum nur noch instinktiv wahr. Sie kämpft mit einem Raubtier, das alles verschlingt, was vor ihm niedersinkt. Noch hat das Wasser das blonde Mädchen aber nicht umgeworfen. Noch hält sie sich aufrecht, wäre Rettung möglich. Auf der Straße erkennt man gar nichts mehr. Dunkelheit macht noch viel einsamer. Ist denn hier niemand, der mir helfen kann? Die Scheinwerfer des Feuerwehrautos, die eben noch von der anderen Straßenseite auf sie gerichtet waren, sind erloschen. Der Rettungsversuch endete im Fiasko. In Annas Kopf beginnt sich langsam alles zu drehen. Auf was soll sie hoffen? Auf Licht in der Nacht? Auf Kraft? Auf einen Ausweg? Die Situation verschärft sich. Erneut steigt das Wasser mit einer noch kräftigeren Welle. Anna kniet noch immer in den Fluten, bäumt sich auf. Das Wasser hält noch stärker dagegen. Sich eisern festhaltend, den Kopf nur noch knapp über den Wellen haltend, starrt sie in die Dunkelheit. So sollte also alles enden? Das Wasser aus ihren Haaren läuft in Schlieren über ihr Gesicht. Es mischt sich mit den Tränen. Sie sind wärmer. Ihr Körper ist fest verankert. Dann türmt sich die nächste, noch größere Welle auf. Bevor sie über ihrem Kopf zusammenschlägt, schreit Anna ihren unerbittlichen Widerpart an, als würde das Hochwasser nur auf diesen einen, alles beendenden Befehl gewartet haben, um endlich Schluss zu machen. Doch nichts passiert. Natürlich nicht. Wie konnte sie nur in diese ausweglose Lage geraten. Sie, die doch bisher immer alles im Griff hatte.

Kapitel 1
Jugendliebe

Fünf Minuten Pause

Stephan steht etwas verloren neben der Laderampe. Hier werden die kleineren Waren für das Baumarktlager angeliefert, in dem er vor kurzem die Ausbildung zum Lageristen angefangen hat. Seine Schicht ist noch lange nicht vorbei, trotzdem macht er Pause, fünf Minuten Pause, denn er ist mit Anna verabredet, um gemeinsam eine zu rauchen. Fünf Minuten Pause, mehr nicht, so viel hat er sich von dem Lagerarbeiter erbeten, dem er gerade unterstellt ist. Der hat zwar mit der Stirn gerunzelt, aber genickt. So ziemlich jeder Packer hier raucht, mancher erledigt gar seine Aufgaben mit einer Fluppe im Mundwinkel. Untätig herumstehen muss hier keiner, es ist immer Betrieb. Und sich setzen, geht schon gar nicht, auch wenn die Beine schmerzen oder man doch kurz warten muss, bis es weitergeht. Meistens steht man aber unter Strom, überall ist Bewegung. An der Rampe neben Stephan werden gerade Pakete aus einem Kleinlaster verladen. Zwei Männer packen die Ladung auf einen Hubwagen, stapeln sie von der einen Palette zur anderen. Sie werfen Stephan höchstens einen flüchtigen Blick zu, dennoch fühlt er sich angestarrt. Was stehe ich hier eigentlich so blöde rum, mit Zigaretten, die nicht glimmen, denkt er sich. Auf die Aufmerksamkeit kann er gut verzichten, überhaupt möchte er am liebsten aus diesem Lager verschwinden, wo nie Ruhe ist, nur Staub und ein ständiges kaltes Licht. Auch jetzt dröhnt der Lärm durch den offenen Halleneingang. Fünf Minuten Pause, mehr hatte er nicht, jetzt ist er schon bei sechs Minuten. Der Vorarbeiter schaut sicher nicht auf die Uhr, aber wann wird sein Fehlen unangenehm auffallen? Die beiden Männer zünden sich nun auch eine Kippe an, der ganze Boden um die Rampe herum ist übersät mit Stummeln, beige Zigarettenfilter auf grauem Asphalt. Wenn Stephan sich bloß auch eine anzünden könnte, dann stünde er nicht so untätig da, würde halt eine Pause machen, ist doch in Ordnung. Stattdessen hält er die beiden kalten Kippen in der linken Hand. Er hat sie selber gestopft, heute Morgen, in der neuen Küche, in ihrer neuen Wohnung. Anna schwärzte währenddessen ihre Wimpern vor dem Spiegel. Sie hatte auch eine Ausbildung im Baumarkt bekommen, allerdings als Bürokauffrau, einige Etagen weit entfernt vom Lager. Stephan schaut nervös auf die Uhr, jetzt sind es schon acht Minuten. Langsam wird es auffällig. Stephan drückt den Daumen an den Mund und schiebt sich den Nagel zwischen die Zähne. Mit dem Knabbern hat er wieder angefangen, seit sie nach Düsseldorf gezogen sind.

Wenn sie nicht bald kommt, rauche ich alleine, sagt er sich. Seit sie hier sind, hat er das Gefühl, dass er ihr nur noch nachläuft. Für die Ausbildung als Lagerist hat er sich nur wegen ihr beworben, weil sie die Stelle hier in Düsseldorf bekam. Zusammen sind sie aus der Sächsischen Schweiz in den Westen gezogen, was anderes, hieß es, bessere berufliche Perspektiven, weg aus der sächsischen Provinz. Er hätte sich auch überall anders bewerben können. Trotzig steckt er sich die Zigarette in den Mund und sucht in der Hosentasche nach dem Feuerzeug. Da kommt Anna um die Ecke gelaufen. Sie sieht grandios aus, und Stephan weiß wieder, warum er sich in sie verliebt hat. Sie ist groß, fast so groß wie er selbst, und das blonde Haar hängt ihr auf die Schultern herab. Sie trägt einen schwarzen Blazer und eine dunkle enge Hose, die sich um ihre langen Beine schmeichelt. Den Klang ihrer Stöckelschuhe hätte er schon von weitem hören müssen. Und jetzt fällt ihm auf, dass er sich etwas taub und starr fühlt, als wäre das Dröhnen der Halle in ihn gedrungen. Anna bleibt vor Stephan stehen, der hält ihr die Zigarette hin und lächelt sie an: „Da bist du ja." Anna aber schüttelt den Kopf: „Ich habe schon eine geraucht, gerade mit den Jungs von der Verkaufsabteilung, eine richtige", sagt sie mit einem Seitenblick auf Stephans gestopfte Zigaretten. „Aber hör mal", redet sie weiter, während Stephan die überfällige Kippe einsteckt und seine anzündet. „Ich hab versucht, dich zu erreichen, wir sind eingeladen." „Hmm", brummt Stephan, „ich habe das Handy im Spind gelassen." Aber Anna fährt fort, als habe sie nichts gehört: „Du, heute Abend ist eine Party. Vorglühen bei Erik und dann gehen wir tanzen. Ein paar Arbeitskollegen von uns sind dabei." „Wer ist denn Erik?", fragt Stephan und zieht erleichtert an seiner Zigarette. Endlich hat er was zu tun, jetzt steht er nicht mehr dumm rum, sondern redet mit so einer tollen Frau. Fast wünscht er sich, die Männer mit dem Hubwagen kämen zurück und könnten ihn sehen. Er tritt näher zu Anna. „Na Erik, aus dem Verkauf, den kennst du doch. Jedenfalls hab ich mal von ihm erzählt." Sie verdreht genervt die Augen. „Bist du überhaupt richtig da? Jedenfalls will ich, dass wir heute Abend da hingehen. Mal ein paar neue Leute kennenlernen und wieder richtig tanzen." „Klar", sagt Stephan, „super Idee." Dabei ist es ihm eigentlich egal. Er will nur Zeit mit Anna verbringen. „Gut", antwortet sie, „dann sag ich gleich Bescheid, dass wir kommen." Und bevor Stephan ihr noch einen Kuss geben kann, ist sie schon davongestöckelt. Er dreht sich zur Halle um, mittlerweile sind es gute dreizehn Minuten Pause, die er sich gegönnt hat. Stephan schmeißt die halb aufgerauchte Kippe auf den Boden und macht sich zerknirscht auf den Weg nach drinnen. Das Dröhnen in seinem Kopf schwillt bei jedem Schritt an, wird immer lauter und lauter.

Der Traum vom eigenen Club

Der Weg hinauf ins Liebesnest ist anstrengend. Stephan stampft Stufe für Stufe hoch in den vierten Stock. Erschöpft wie immer nach einem Arbeitstag, schleicht er nach oben, vorbei an den Türschildern mit den unaussprechlichen, ungewohnt fremden Namen. Hier in dem zweckmäßigen Wohnblock aus den Siebzigerjahren in einem Vorort von Düsseldorf wohnen all jene, denen die Rhein-Metropole zu teuer ist, die aber dennoch in dieser Stadt ihr Glück suchen. In ihrer kleinen Zweiraumwohnung angekommen, wirft Stephan die Tür hinter sich zu und lässt zuerst die dreckige Arbeiterhose fallen. Ohne sich zu bücken, kann er aus den weiten Hosenbeinen steigen. Mit einem Fuß schleudert er das Dreckstück in das schmale, fensterlose Bad. Die Hose liegt jetzt mitten im Weg, aber das ist ihm egal. Er genießt das Gefühl der Befreiung. Mit nackten Beinen stakt er in die Küche. Dort stapelt sich das Geschirr, Reste vom Frühstück liegen noch herum. Stephan findet eine Zigarette und zündet sie an, eine von Anna, die sie am Morgen liegen gelassen hatte. Mit der rechten Hand raucht er. Mit der linken schiebt er sachte den Müll vom Frühstück zusammen, etwas Wurstpelle, Bananenschale, einen Deckel mit eingetrocknetem Joghurt. Nach dem Stress im Lager kommt ihm der Dreck friedlich vor, Ruhe spendend. Dabei sieht das alles hier ganz anders aus, als es sich Anna und Stephan vorgestellt hatten. Anna wollte in den Westen, nicht nur weil die Arbeitsbedingungen da besser sind, auch die Bezahlung ist viel besser. Alles in ihrem ersten gemeinsamen Zuhause sollte neu sein, die Küche, das Sofa, der Fernseher. Stephan wollte seine alte Glotze aus seinem Jugendzimmer behalten. Aber Anna war dagegen. Alles sollte neu sein. „Wir bauen uns jetzt unser Leben“, sagt sie jedes Mal, wenn sie mit glitzernden Augen einen neuen Möbelkatalog durchblättert. Und Stephan liebt sie dafür. Er versteht nicht, warum das Holz in der Küche hell und in der Wohnstube dunkel sein soll, aber er mag es. Leider reicht das Geld nicht aus, um gleich alle Wohnträume von Anna, von ihnen beiden zu verwirklichen. So gleicht ihr Zuhause seit Wochen eher einer Baustelle. Für die Handtücher im Bad fehlt eine Halterung. Meist landen sie auf dem Boden, genau wie die Wäsche, die in einer Ecke neben der Waschmaschine gammelt, weil noch keiner an ein passendes Behältnis gedacht hat. Auf Stephans Schreibtisch in der Stube stapeln sich all seine Unterlagen und Papiere. Partyflyer kriechen da zwischen Zeugnissen, Briefen und Rechnungen herum. Grußkarten wälzen sich über Erinnerungsfotos aus der Schulzeit, zusammen mit den wenigen Liebesbriefen von Anna, die er aufbewahrt hat. Das junge Paar hat sich einen gemeinsamen Kleiderschrank gekauft. Stephan fand die Idee toll, dass sie ihre Klamotten am selben Ort hatten. Die Vorstellung, dass er und Anna sich täglich nebeneinander aus- und anziehen würden, fand er sexy und zugleich vertraut. Leider passen nicht alle Sachen in den Holzkasten. Anna, und wie Stephan zugeben muss, er selbst auch, haben einfach zu viel Zeug zum Anziehen. Teilweise stapelt sich die frische Wäsche auf einem Stuhl oder ihrem Schreibtisch. Manchmal fällt ein Stapel um, wenn jemand etwas in der Eile sucht und vermengt sich mit der Wäsche, die schon getragen wurde, aber als noch tragbar erachtet wird. Deshalb fliegen diese Klamotten eben nicht ins Bad, lagern aber auch nicht im Schrank. Wo hatten ihre Eltern eigentlich solche Sachen abgelegt? Da war nie Unordnung. Zum ersten Mal in ihrem Leben machen sie sich Gedanken über so etwas.

Die meisten Probleme haben sie aber in der Küche. Sie hatten eine Menge Geschirr geschenkt bekommen, mehr als zwei junge Menschen in einem Monat verdrecken können. Da beide einen Geschirrspüler gewohnt waren, jetzt aber noch keinen haben, stapeln sich Teller und Besteck in einem gigantischen Gebirge um die Spüle herum. Die Küchenschränke sind immer noch voll. Davor stehen halb ausgepackte Kisten mit noch mehr Zeug. Wenn Stephan etwas braucht, dann spült er einfach etwas Dreckiges ab. Er hasst es, wenn Anna sich jedes Mal ein sauberes Glas herausnimmt, nur um einen Schluck Leitungswasser zu trinken. Stephan schlurft immer noch ohne Hose in der Wohnung herum. Er stopft einen Joghurtdeckel in den überquellenden Mülleimer und wäscht sich einen Löffel ab. „Wie viel mein Leben jetzt mit Putzen zu tun hat, seit ich Lagerarbeiter bin", wundert er sich. Früher war es ihm egal, sein Zimmer war nicht unordentlich, aber praktisch eingerichtet. Staub wischen wurde verweigert, und ein Stapel Dreckwäsche empfing jeden Besucher. Das Papier stapelte sich auf dem Schreibtisch, weil er einfach jeden Wisch dort hinschmiss, vom Kontoauszug bis zum Liebesbrief. Alles sammelte und verirrte sich in einem bleichen Knäuel. Irgendwann wurde etwas davon gebraucht. In einem elenden Kraftakt bekamen die Papierhaufen für kurze Zeit Struktur. Bis sie eines Tages wieder über sich herfielen und verschlungen wie Verliebte liegen blieben.

Als Anna die Tür öffnet, sitzt Stephan gerade vor der Glotze, ohne hinzuschauen, denkt an damals zurück, an seine Heimat Pirna, das Tor zur Sächsischen Schweiz. Anna hat ihn noch nicht mal richtig gesehen, da fängt sie schon an zu reden, im Flur noch ruft sie: „Hallo." Dann ist sie schon dabei, den Abend zu planen, immerhin ist Freitag und das gilt. „Der Erik weiß, wo eine gute Party geht. Du kannst auch deinen Kumpel mitbringen. Wie hieß der noch mal?" „Sebastian." Stephan hatte unter all den Mitarbeitern im Lager einen gefunden, den er für relativ okay hielt. „Wir treffen uns am Bahnhof und laufen dann dahin", erklärt ihm Anna. Mittlerweile ist sie im Bad, vielleicht auf der Toilette, lässt die Tür offen und schreit ihre Pläne durch die Wohnung. Stephan stellt den Fernseher auf lautlos und wartet. Als Anna nur in Unterwäsche ins Zimmer kommt, lächelt er sie an. Sie setzt sich zu ihm. Erst tippt sie etwas auf ihrem Handy rum, dann lächelt sie ihn verschwörerisch an und sagt: „Soll auch was geben heute Abend, ich denke nicht, dass wir Geld für Alk brauchen." Sie lächelt. Stephan schaut zum lautlosen Fernseher und antwortet etwas unbeteiligt: „Ja, cool." „Dein Kumpel kann doch auch was besorgen, hast du gesagt, oder?" Anna räkelt sich in dem Wohlgefühl, einen schönen Abend vor sich zu haben. „Ja, klar." Stephan greift zu seinem Handy, um Sebastian Bescheid zu sagen, unsicher, ob dieser nicht was anderes vorhat. Anna schnappt sich die Fernbedienung, schaltet um, schaltet den Ton wieder laut. Stephan schaut schweigend mit. „Sieht ganz schön scheiße aus hier", meint Anna, als sie ihren Blick durchs Zimmer schweifen lässt. Stephan ist unsicher, dann vibriert sein Handy. Sebastian meldet sich, es verspricht ein guter Abend zu werden.

Es ist tiefe Nacht, aber nicht in der Stadt. Das künstliche Licht zaubert einige plastische Taggefühle in die immer noch lebendigen Straßen. Wenn am Vormittag angeblich den Rentnern die Straßen gehören, dann gehören sie jetzt den Jugendlichen. Überall stromern Gruppen herum, auf der Suche nach dem richtigen Spot. Sebastian läuft neben Stephan, die beiden hängen hinter der Gruppe etwas zurück. Anna läuft mit Erik und den anderen, die wissen wo es langgeht, etwas voraus. Sie sind zu sechst. Nur zwei Mädchen sind dabei, Anna hat sich mit zwei Männern eingerahmt. Sie ist so sehr geschminkt, wie Stephan sie zum letzten Mal zu ihrem Abschlussball zur Lehre gesehen hat. Sebastian trägt strahlend weiße Sneaker und einen schwarzen Hoody, er ist passender angezogen als Stephan. Der „Seb" könnte überall rein, denkt Stephan, der sich in seinem Hemd und der einfachen Jeans, die Anna für ihn rausgesucht hatte, unsicher fühlt. Seb, der im Lager eher fehl platziert und tollpatschig ist, wirkt angenehm entspannt auf Stephan. Er scheint sich bei den Clubs und auch mit den Drogen genau auszukennen. Er hat mit Annas Bekannten gleich alles geklärt, während Stephan froh war, das Händeschütteln mit dem ersten Eindruck unbeschadet hinter sich gebracht zu haben. Seb ist guter Dinge, erzählt von dem Club, als wäre er da zu Hause und bleibt völlig entspannt, im Gegensatz zu Stephan, der weiß, dass dieser Abend der erste richtige Feierabend im Westen ist, für Anna, für ihn. Seb greift in seine Tasche, holt ein durchsichtiges Tütchen heraus und sagt: „Also, ich hab hier zwei Teile." Als Stephan sein Portemonnaie rausholt, winkt Seb ab. „Du brauchst mir dafür nichts zu geben, ich lade dich ein. Ihr habt es doch nicht so dicke." Auch die anderen nehmen was. Es ist MDMA, wie Stephan mitbekommen hat. „Das ist dasselbe wie Ecstasy, ist halt ne Pille, nur der Wirkstoff wurde erweitert", erklärt Seb. „Wie wirkt es denn?", fragt Stephan und ist froh, dass nur Seb seine Frage hören konnte. „Naja, du bist gut drauf, und das ist halt psychoaktiv, so wie Gras, nur krasser. Die Farben, das Licht, alles wird intensiver. Keine Sorge, das geht richtig gut ab. Ich hab nen Kumpel, der hat die gleichen Teile probiert und war begeistert. Nebenwirkungen sind halt, dass der Körper richtig überhitzt. Also genug trinken. Und keinen Alkohol!" Dabei bleibt Seb stehen und fasst Stephan an die Schulter. „Einfach Wasser trinken, mal ein Bier ist nicht schlimm, aber Alkohol verträgt sich damit nicht." „Ja, klar. Ich trink doch keinen Alkohol, wenn ich was nehme", erwidert Stephan. „Völlig logisch. Ja, weiß ich doch", meint Seb. „Sollen wir das jetzt schon nehmen?", fragt Stephan und hält die Hand auf. „Nee, drinne", sagt Seb.

Vor dem Club staut sich eine Menschenschlange. Stephan kann das allumfassende Wummern des Basses hören, es durchdringt ihn, gibt ihm ein Kribbeln, als hätte er das Zeug schon genommen. Fast jeder wippt in der Schlange aus Vorfreude auf die Party. Leute, die schon drinnen waren, stolpern mit glasigen Augen und nur im Shirt heraus und reden wirres Zeug. Am Eingang stehen Security-Leute und kontrollieren jeden Gast. Erst hat Stephan Angst, dass sie ihn in seinen Klamotten nicht reinlassen. Dann hat er Angst, dass sie die Drogen bei Seb finden. Aber alle kommen ohne Probleme durch den Einlass. Stephan drängelt sich an der Garderobe zu Anna durch. Er legt ihr den Arm um die Schulter und drückt sie an sich. „Na, bist du gut drauf?", fragt er sie und drückt sie noch heftiger an sich. Anna lächelt ihn an und sagt: „Wir gehen gleich aufs Klo und nehmen was. Ich platze gleich, ich hab so Bock zu tanzen." „Dann sehen wir uns auf der Tanzfläche", sagt Stephan und gibt ihr einen flüchtigen Kuss auf die Wange. Auf der Suche nach Seb drängelt er sich durch die Leute. Wie voll das hier ist. Manche sind schon ziemlich betrunken. Es riecht nach Rauch, Schweiß und etwas Gras. Er war noch nie in so einem riesigen Club. Klar, in Sachsen gibt es auch gute Clubs, auch wenn man dafür nach Dresden fahren muss. Aber nirgendwo dort hatte er je so viele unterschiedliche Leute auf einem Haufen gesehen. Da sind die aufgepinselten, schick angezogenen Discogänger neben den eher Alternativen in Röhrenjeans. Er sieht Südländer in Lederjacken mit schwarz glänzenden Inselfrisuren und eine Menge Leute, die er gar nicht zuordnen kann, darunter auch einige Gestalten, die schon mächtig zerstört aussehen. Einer von diesen ist Seb, der schon breit grinsend neben der Box Stellung bezogen hat. Der Discjockey wechselt gerade die Platte, und bis auf einige Bassschläge ist nichts zu hören. Die Leute stehen auf der Stelle und schauen zu ihm rauf, warten, tanzen nicht, wackeln nur ein wenig hin und her. Jemand schreit. Seb holt die verheißungsvollen Pillen raus, wirft sich eine in den Mund. Die andere reicht er Stephan und hält ihm sein Bier hin. „Hast du nicht gesagt, das verträgt sich nicht mit Alkohol?“, schreit Stephan. „Eher nicht“, meint Seb, „aber eines schadet auch nicht.“ Stephan greift nach dem Bier und spült das Rauschgift runter. „Danke, Mann.“ Gern geschehen, will Seb sagen, aber seine Antwort geht in der Musik unter, die vom DJ wieder auf Höhe gebracht wird. Der Bass wird härter, schneller und lauter, zudem mischen sich Sampels, Synthi-Klänge, Melodien, von denen Stephan glaubt, sie schon mal gehört zu haben. Plötzlich ist Anna neben ihm und tanzt, sie drückt ihm kurz die Schulter und hebt dann die Arme, um stumm zu jubeln. Die anderen aus der Firma tanzen auch um sie herum. Einer beugt sich zu Stephan und sagt irgendwas. Stephan versteht ihn nicht, grinst aber, nickt und tut so als ob. Mehr Leute jubeln, als wäre ihnen der Track total bekannt. Ein paar Leute bewegen sich mehr als nur wild, zappeln, die müssen auch was genommen haben, denkt sich Stephan und fängt an, etwas ausgelassener zu tanzen. Dann setzt das Stroboskop ein. Durch die Lichtblitze wirkt es, als würden sich alle wie in Zeitlupe bewegen. Von der Droge merkt er noch nichts, aber allein die Atmosphäre macht ihn berauscht. Er hat Anna noch nie so ausgelassen tanzen gesehen. Seb bleibt eher ruhig, aber mit einem fetten

Grinsen im Gesicht. Er starrt direkt in die Lichteffekte, als wäre er auf der Suche nach mehr. Alle ziehen mehr oder weniger ihre Show ab. Der DJ gleitet von Lied zu Lied. Einige Leute drängeln sich an Stephan vorbei. Er schließt die Augen und versucht die Vibrationen im Körper zu spüren. Als er sie wieder öffnet, fühlt er sich um ein ganzes Stück größer. Die Entfernungen scheinen sich mit der Musik zu bewegen. Gerade noch könnte er Anna mit der Hand berühren, dann scheint sie noch viel näher zu sein. In Stephan steigt ein Kribbeln auf und fließt in die entlegendsten Zonen seines Körpers. Er kann es in seinen Fingerspitzen fühlen, in seinen Haarwurzeln, in den Hoden. Er denkt nicht mehr über seine Tanzbewegungen nach, er macht einfach, und das heftiger als je zuvor. Der monotone Techno-Rhythmus sagt ihm mehr als zu. Sein Körper scheint eine Maschine zu sein. Der Kopf dreht sich nach links und rechts, dazu ein Lächeln, als würde er sagen, das ist noch nicht alles. Die Arme schwingen auf und ab, die Hände leicht gespreizt, nur seine Beine stampfen, drehen und justieren sich immer neu zu dem Beat. Die Stimmung im Saal steigt, gerade vorne an der Box wird es voll. Stephan lässt sich etwas nach hinten drücken, wo er Platz hat, sich zu bewegen. Er macht die Augen zu und träumt beim Tanzen, stellt sich vor, seine Freunde von Zuhause wären hier, um mit ihm zu feiern. Er stellt sich vor, selber einen Club zu besitzen. Vielleicht irgendwann mal nach der Ausbildung, wenn er genug Geld als Lagerleiter verdient hat. Sein Mund wird trocken, er schwitzt stark. Ein Bier kann ich mir noch holen denkt er, an der Bar fühlt er sich komisch, als würden ihm die Leute seinen Zustand direkt im Gesicht ansehen. Das Zeitgefühl kommt ihm abhanden. Hatte er jetzt stundenlang getanzt? Anna greift seine Hand. Die Party ist beendet.

Fahrt in die Heimat

Nur zu blinzeln, ist der Sonne jetzt nicht mehr genug. Sie brennt erbarmungslos, flutet durch die nur halb zugezogenen Vorhänge ins Schlafzimmer. Der Morgen dieses Sommertages ist in dem Strahleninferno dahingeschmolzen. Anna drängelt: „Wir müssen los." Stephan will etwas fragen. Doch seine trockene Zunge klebt den Mund von innen zu. Seine Hände graben sich in seine Stirn, als könnte er so die durch seinen Kopf rasenden Gedanken festhalten. Ihm ist übel. Stephan muss sich voll konzentrieren, bis er sich sicher ist, dass er zu Hause ist. Anna schaut ihn lächelnd an. „Hast wohl Alkohol dazu getrunken, was?“ Dann wiederholt sie ihre Aufforderung, dass sie los müssten. „Wohin denn?“, fragt Stephan angestrengt, ohne die Augen zu öffnen. Dabei kauert er sich auf dem verschwitzten Bettlaken zusammen. „Mensch, wir wollten doch heute nach Hause fahren. Ab in die Heimat.“ Stephan liegt nackt auf dem zerknitterten Laken. „Wann sind wir denn gekommen?“ Anna kichert. „Wann müssen wir denn los?“ „Jetzt.“ „Komm, lass uns später fahren“, sagt Stephan und wickelt sich noch mal in das aus den Ritzen gerissene Bettlaken ein. Anna wirft sich auf ihn und kitzelt ihn wach. Stephan ist eindeutig unterlegen. Erschöpft schlurft er schließlich ins Bad. Die Vorstellung nach Hause zu fahren, ist so schlecht nicht. „Wo schlafen wir eigentlich?“, ruft Stephan durch die offene Badtür. Er hat es schon wieder vergessen. Anna hat die zwei Wochen Urlaub in der alten Heimat genau durchgeplant. Ohne zu murren, beginnt sie wieder ihren Vortrag.

Die Vorfreude auf die Besuchstage sind ihr anzumerken. Sie besuchen erst Annas Eltern in Dresden, dann Einkaufsbummel auf der Prager Straße, dann Stephans Mama in Dresden, irgendwann Stephans Papa in Pirna. Übernachten werden sie bei Annas Großeltern in Freital. „Die Oldies freuen sich immer so schön.“ Anna will außerdem mal wieder nach Moritzburg, weil es dort so romantisch ist. Und sie will all ihre Freunde treffen. Zuerst die Bine in der Neustadt, dann die Sarah. Bei der Aufzählung verliert Stephan den Überblick. An diesem Morgen, der bereits ein Mittag ist, sowieso. „Und wo schlafen wir noch mal? Bei deinen Großeltern?“ Anna stoppt ihren Redefluss und tritt an die offene Badtür. Sie sieht Stephan einen Moment lang beim Abtrocknen seines geduschten, sportlichen Körpers zu und sagt dann: „Wir müssen nicht bei meinen Großeltern übernachten. Wir können auch zu deiner Mutter gehen.“ „Nein, nein“, erwidert Stephan sofort, „darum ging es mir nicht. Ich habe es mir nur nicht gemerkt.“ Stephan freut sich zwar auf den Besuch bei seiner Mama. Aber länger als notwendig will er nicht bleiben. Mit deren neuem Freund kommt Stephan nicht klar. Und dann befummeln die sich ständig. In ihrem Alter. Nachts gibt es dann am Ende noch Geräusche. Stephan ist schon der Gedanke zuwider. Bei seinem Vater ist so etwas zwar nicht zu erwarten. Dessen neue Frau ist sehr nett. Aber dort gibt es andere Konflikte. Zwei Kleinkinder leben mit in der Dreiraumwohnung in Pirna. Jedes Kind hat ein Zimmer für sich. König und Königin. Die Eltern campieren im Wohnzimmer. Frühstück um sieben. Licht aus spätestens um dreiundzwanzig Uhr. Da passen Jugendliche nicht rein. Bei Annas Großeltern können sie so lange schlafen, wie sie wollen, und auch jederzeit kommen und gehen. „Wir übernachten bei deinen Großeltern. Ist schon klar", antwortet Stephan schließlich. „Das ist das Beste." Er lässt das Handtuch auf den Boden fallen und schaut in den Spiegel über dem Waschbecken. Mann, war das eine Party, denkt er sich. Ihn wundert, dass Anna schon wieder so fit ist. Die kommt auf ihn zu, schmiegt sich an ihn, liebkost seine nackten Schultern, seine Brust. Wenn sie damit Wirkung erzielen wollte, ist das gelungen. Sie küssen sich innig. Stephan schiebt eine Hand langsam in Annas Hosenbund. Da lässt sie abrupt von ihm ab. „Werd' endlich fertig. Wir müssen los", erklärt sie nachdrücklich, aber lächelnd. Beim Gehen wirft sie ihm noch einen Blick über die Schulter zu, als wären sie Komplizen. Dann lässt sie Stephan in seinem Glückszustand im Bad zurück.

Kapitel 2
Zu Besuch in Freital

Offizielles Kaffeetrinken

Nur zum Schlafen sind sie gestern und vorgestern in die Wohnung der Großeltern gekommen. Die Oma hat sich trotzdem gefreut. Beim Opa weiß man dies nie so genau. Für heute gab es keine Ausrede mehr. Jetzt ist das offizielle Kaffeetrinken unvermeidbar. Stephan versucht, irgendwie seine Verkrampfung zu lösen. Der Stuhl mit seiner Federkernpolsterung ist anfangs sehr bequem. Nur die geschwungene Holzlehne drückt am oberen Ende schon seit geraumer Zeit im Rücken. Für Stephans Konfektionsgröße scheint das Möbelstück nicht gemacht zu sein. Er beugt sich bis fast zur Tischkante vor, legt dann den Kopf so weit er kann in den Nacken und schaut an die Decke. Der Blick ist angestrengt, als wolle er einzig mit seinen Gedanken den mit geschliffenem Glas behängten Kronleuchter in Bewegung bringen. Das muss für die anderen merkwürdig aussehen. Sofort richtet er sich wieder auf. Wie ein Übermüdeter, der endlich Schlaf finden will, sucht er nach der besten Position auf diesem wirklich schönen Stuhl.

Wäre Stephan jetzt im Club in Düsseldorf, wo er fast immer einen seiner neuen Kumpels trifft, wäre er längst gegangen. Oder hätte sich eine Tüte angesteckt. Dann erträgt man in Düsseldorf sogar das Dauerfluchen von Staplerfahrer Stefan. Wie kann dieser Idiot nur genauso heißen wie er selbst. Na, wenigstens wurde er anders geschrieben. Dass ein F auch als PH geschrieben werden kann, haben dessen Eltern sicher nicht gewusst. Die sind bestimmt auch stolz auf ihren Sohn. Ihr Stefan mit F hatte immerhin schon zwei Jahre lang einen richtigen Job. Festanstellung. Und er fährt sogar ein Auto. Wenn es auch nur ein Gabelstapler ist. In dieser Familie ist das was. Doch Stephans Eltern sind immer nur einsilbig, wenn es darum geht, anderen Leuten zu erklären, was er im Westen macht. Anfangs sagten sie noch, dass er in Düsseldorf bei einer großen Baumarktkette als Lagerarbeiter sein Geld verdient. Natürlich immer mit dem Nachsatz: „Aber das ist wirklich gutes Geld, was er dort verdient, und hier hat er ja als Tischler auf dem Arbeitsmarkt nichts mehr bekommen." Als müssten sie ihrem Stephan immer noch eine Entschuldigung ausstellen, wie damals vor zwanzig Jahren in der Grundschule. Irgendwann haben Stephans Eltern aber registriert, dass allein das Wort Düsseldorf bei dem Gegenüber immer ein anerkennendes Nicken auslöst. „Ah, die Stadt der Reichen und Schönen." Seitdem sagen sie nur noch: „Stephan arbeitet in Düsseldorf." Schlagartig wollen die Nachfragenden keinen einzigen Nachsatz mehr hören. Das genügt. Warum auch immer.

Doch wie sollte er Annas Großeltern klarmachen, dass er jetzt lieber alles andere machen würde, als mit ihnen und seiner Freundin in diesem privaten Siebzigerjahre-Museum am Kaffeetisch zu sitzen? Selbst Fernseher und Radio scheinen noch aus dieser Zeit. Das war noch deutsche Wertarbeit. Wenn Stephan bei seinen Großeltern ist, hat sein Opa Herbert wenigstens noch ab und zu von spannenden Erlebnissen aus seiner Kindheit berichtet, die er in entbehrungsreichen Nachkriegszeiten erlebte. Doch hier bei Annas Großeltern ist jetzt Stille am Tisch. Lediglich mit einem Schlürfen an der Goldrandtasse durchbricht sie Annas Opa Kurt. Selbst Stephans Freundin fällt nach einer Stunde kaum noch was ein, was es zu erzählen lohnte. Oma Uschi ist eine sehr geduldige Zuhörerin. Das steht fest. Aber was sie mit all dem Gehörten in ihrem Kopf anfängt, scheint völlig unklar. Ihr mildes Lächeln versöhnt aber sofort und ist ihr Garantieschein für Vergebung. Statt einer Reaktion auf das Gesagte, bekommt Stephan ein weiteres Stück Kuchen.

Bloß raus hier

Ob ihm wegen des Kuchens so schlecht ist? Was kann er nur tun, damit endlich dieses Unwohlsein aufhört? Eben saß es Stephan noch im Rücken. Jetzt wälzt es sich in die Magengegend und wieder zurück. Zieht durch Arm- und Beinknochen. Oder sind das Gliederschmerzen, wie sie Ärzte als Grippesymptome diagnostizieren? Die gesamte Autobahnfahrt von Düsseldorf hatte ja das Fenster offengestanden.

Bisher hatte ihm Zugluft nie etwas ausgemacht. Oder kratzt hier die schlechte Luft so im Hals? In Freital soll ja immer Smog sein. Na, jedenfalls früher. Zu DDR-Zeiten hat das Stahlwerk ja in die Luft geblasen, was es wollte. Über die Flanken des schmalen Tals hatte es der Dunst jedoch nur selten geschafft. Ob schlechte Luft schon bei einem Kurzbesuch krank machen kann? Jetzt kreisen seine Gedanken also auch schon um seine Krankheiten, wie diese alten Leutchen neben ihm. „Ich muss hier raus. Lass uns spazieren gehen", flüstert er Anna bei einer angedeuteten Liebkosung ins Ohr. „Du willst spazieren gehen? Bist du krank?", sagt sie absichtlich laut, damit es auch die Großeltern verstehen. Zu flüstern gehört sich nicht. Oma Uschi lächelt und macht eine zustimmende Kopfbewegung. Opa Kurt legt wieder mal den Kopf schief und zieht die Augenbrauen zusammen, als wollte er eine ausführliche Diagnose für den blassen Patienten stellen. Doch er begnügt sich mit zwei Worten: „Regnet doch." Anna steht auf und geht ans Fenster. Der bodenlange Gardinen-Store, den sie mit dem Handrücken beiseite schiebt, ist schwerer als vermutet. Sie muss den Unterarm etwas zu Hilfe nehmen. „Das hört doch gleich auf!" Das ist das willkommene Kommando für Stephan, sich endlich aus seiner Lage zu befreien. Noch einen Moment länger und er wäre an diesem Tisch versteinert. Wie ein neues Exponat der Körperwelten-Schau, dem Beton durch die Adern fließt. Dann hätte das Refugium hier wenigstens mal ein Schaustück einer neuen Epoche bekommen.

Frische Luft

Stephan blickt sich noch mal um, als er und Anna die Stufen im Treppenhaus vom ersten Stock hinuntersteigen. Er will sichergehen, dass die Wohnungstür tatsächlich ins Schloss gefallen ist. Dann sagt er: „Das alles hier macht mich krank. Diese Liebe, diese Harmonie, das Silberbesteck. Das ist doch alles nicht echt." „Dann sag das doch", entgegnet ihm Anna. Er antwortet mit einem verständnislosen Blick und öffnet die Haustür. Ein warmer Luftstrom schnellt ihm entgegen. Im Treppenhaus ist es wesentlich kühler als auf der Straße. Die Feuchtigkeit ist tropisch. Stephan hat das Gefühl, dass sich auf seinen nackten, behaarten Armen ebensoviel Flüssigkeit sammelt, wie unter seinem T-Shirt. Ein Windhauch nimmt die Wärme mit. Das ist angenehm.

„Wo wollen wir hingehen? Rauf oder runter?“, fragt Anna vor der Haustür. Rauf heißt hoch auf den Windberg. Der bewaldete Berg trennt Freital von Dresden. Er ist nicht hoch. In gut dreißig Minuten wären sie in bequemem Tempo oben am Windbergdenkmal. Von dort hat man einen herrlichen Blick über das langgezogene Tal und die Siedlungen, die die Hänge hochkriechen. Runter bedeutet an der Weißeritz entlang. Dabei geht es gar nicht mehr tiefer. Das Flussufer ist fast auf einer Höhe mit dem Haus der Großeltern. „Runter“, sagt Stephan. Er mag sich heute nicht mehr anstrengen. Es hat tatsächlich aufgehört zu regnen. Endlich. Man konnte ja schon tagelang nicht mehr aus dem Haus gehen, weil es ständig regnete.

Das Haus von Annas Großeltern liegt in einer kleinen Seitenstraße im Stadtteil Deuben, nicht weit von der Weißeritz entfernt. Trotzdem kann man das Flüsschen von dem Haus aus nicht sehen. Eine Wohnzeile an der Dresdner Straße versperrt die Sicht. Annas blauer Opel Corsa parkt auf der anderen Straßenseite, sodass ihn Opa Kurt vom Fenster aus gut sehen kann. Auf der Straßenseite der Großeltern stehen keine Laternen. „Sicher ist sicher“, sagt der Opa immer. Wenn er mal was sagt. Auch jetzt steht er am Fenster. Anna winkt zu ihm hoch. Er legt nur den Kopf schief. Als wolle er sich noch überlegen, ob er zurückwinkt. Aber er überlegt nichts. Er bewegt die Lippen. Es sieht so aus, als sagte er mal wieder: Sicher ist sicher. Stephan greift nach Annas Hand. Sie lächelt ihn an, als wäre die Berührung ihrer Handflächen längst nicht mehr alltäglich.

Dann übernimmt sie wieder die Initiative: „Wohin denn nun?“ Bergwärts endet die kleine Seitenstraße vor einem Betriebsgelände. Nicht nur deshalb ist hier häufig Verkehr, denn auch die Feuerwehrzentrale der Stadt liegt an der Straße. Talwärts mündet sie auf der Hauptstraße der Stadt. Morgens bekommen hier Hunderte Auto-Kolonnen ihren Marschbefehl. „Das ist mein Meeresrauschen“, sagt Oma Uschi immer, wenn sie neuen Besuchern ihre hübsche kleine Wohnung präsentiert und zum Abschluss des Rundgangs immer noch ein Fenster öffnet. „Meeresrauschen für Arme", fügt Opa Kurt dann an, ohne den Blick vom Fernseher abzuwenden, vor dem er sich am liebsten aufhält. Das Dauerrauschen kann am Tage nur die Fußgängerampel stoppen, die hier direkt auf Omas Weg zum Discounter errichtet worden ist. Diesen Weg über Freitals Magistrale muss auch entlang, wer vom höher gelegenen Döhlen oder von der Schachtstraße abwärts zur Weißeritz will. „Abwärts" ist natürlich übertrieben. Von einem Gefälle kann hier in der Talsohle nicht die Rede sein. Man muss jenseits der Dresdner Straße sogar noch ein paar Stufen rauf, um an das betonierte Ufer der Weißeritz zu gelangen. Nur wer ganz dicht an den Abhang tritt, kann zwei Meter unter sich das Wasser des Flüsschens zwischen rund geschliffenen Steinen plätschern sehen.

Kinderspiele

Im Sommer stehen hier oft die Kinder aus den angrenzenden Wohnblöcken im wenige Zentimeter tiefen Wasser, schleppen Steine herbei oder lassen an Bindfäden befestigte Schiffchen gegen die seichte Strömung ankämpfen. Anna durfte als kleines Mädchen aber nie mitspielen. Sie sei der Strömung nicht gewachsen, die die Weißeritz innerhalb kürzester Zeit entwickeln könne. Das meinte jedenfalls Opa Kurt. „Halt dich fern von dem Fluss", hatte er immer gesagt, „sicher ist sicher." Geschämt hat sie sich dafür vor den Nachbarskindern aber nicht. Ganz im Gegenteil. Mit großen Gesten und selbst ausgedachten Berechnungen agitierte sie auf der Uferkante sitzend, dass jedes Kind mitgerissen würde, sobald der Wasserstand siebenunddreißig Zentimeter erreicht habe. Schwimmen zu können, sei außerdem nutzlos. Denn erst im Stadtteil Potschappel käme die nächste Leiter, an der man sich aus der kanalisierten Weißeritz befreien könne. Wenn man denn überhaupt zufällig auf diese Flussseite getrieben werden würde. Und nicht schon vorher ertrunken sei. Nur wer mindestens fünfzig Kilogramm wiege und mindestens zwei Minuten die Luft anhalten könne, würde überleben, dozierte sie von ihrem Hochstand aus. Jeder wusste zwar, dass die kleine Anna so was unmöglich ausrechnen konnte. Aber ein Rest Unsicherheit blieb. So machte Anna die mutigsten Jungs sauer. Sie schafften es einfach nicht, bei heimlichen Übungen in der Badewanne, zwei Minuten unter Wasser zu bleiben.

Ob sich ihr Stephan damals zu ihr ans Ufer gesetzt hätte? Oder wäre er bei den Steineschleppern gewesen? „Wie lange kannst du die Luft anhalten?", fragt Anna plötzlich, als sie bei Rot an der Fußgängerampel warten. „Keine Ahnung. Dreißig Sekunden vielleicht." „Ha, dann wärst du tot", ruft Anna mit einer solchen Fröhlichkeit, dass es Stephan die Nackenhaare schwellen ließ. Sein fragender Blick erreicht sie nicht. „Grün", ruft sie, nimmt ohne hinzusehen seine Hand und strebt der anderen Straßenseite zu. „Warum wäre ich tot?", fragt er endlich, als sie die Stufen zur Fußgängerbrücke hochsteigen, die hier über das Flüsschen führt. Sie will ihm die Geschichte von damals erzählen, wie sie es schaffte, die mutigsten Jungs zu verunsichern. Doch stattdessen sagt sie: „Die ist ja voll." Sie meint die Weißeritz. Hier in Deuben haben sich die Rote Weißeritz und die Wilde Weißeritz zwar schon zur Vereinigten Weißeritz zusammengeschlossen, aber bis kurz unter die Uferkante, so voll war das Flussbett noch nie. Annas Großeltern hatten zwar bei jedem Hochwasser an Rhein oder Elbe, das sie wie einen Krimi am Fernseher verfolgten, erzählt, dass es auch schon mal Hochwasser in Freital gegeben hatte, Angst machen konnte Anna die Weißeritz aber trotzdem nicht. Wahrscheinlich, weil sie ja inzwischen über fünfzig Kilogramm wog. Nicht viel mehr, aber immerhin. „Guck mal, was da angeschwommen kommt." Sie bleiben mitten auf der Brücke stehen, stützen ihre verschränkten Arme aufs Geländer und schauen dem Treiben auf dem Wasser zu. „Das ist ein Kanister", sagt Stephan. Anna flucht über die Umweltverschmutzung und hat sofort eine Literzahl parat, wie viel Öl wie viel Trinkwasser für immer ungenießbar macht. „Vielleicht ist ja was anderes drin", hält er dagegen. Anna springt sofort an: „Was soll denn sonst da drin sein? Meinst du, hier in dem Kaff holen die Leute ihre Milch noch mit einem Kanister?" Stumm beobachten sie, was sonst noch alles unter ihnen hinweghuscht. Meist sind es Äste, Flaschen oder eine undefinierbare Masse aus aufgeweichtem Papier und Folienresten.

Stephan nimmt Annas Hand. Offensichtlich ist seine Hand wärmer als ihre. Sie fragt: „Geht es dir immer noch nicht besser? Dann lass uns zurückgehen." Ohne die Antwort abzuwarten, geht sie los. Auf dem Rückweg brauchen sie die Anforderungstaste der Fußgängerampel nicht zu drücken. Links wie rechts ist kein Auto zu sehen. Komisch. Es ist zwar Rot, trotzdem gehen sie so gemächlich über die Straße, als wären sie farbenblind. Erst als plötzlich die Sirene auf dem Feuerwehrgebäude nahe des Freitaler Glaswerks ertönt, schrecken sie auf und laufen etwas schneller bis zur gegenüberliegenden Gehwegkante.

Es beginnt schon wieder zu regnen. In einem Hauseingang liegt ein Packen Anzeigenblätter. Stephan greift im Vorbeigehen eine Zeitung, schlägt sie in der Mitte auf und drapiert sie auf seinem Kopf. Dann baut er sich mit dem Papierhut vor ihr auf und sagt in feierlichem Ton: „Ich Lidl. Du Aldi." Er reicht ihr einen anderen Werbeprospekt. Doch statt das Papier zu nehmen, greift sie die unteren Enden seiner Zeitungsseite, zieht sie unter seinem Kinn zusammen, als wäre das Papier ein Kopftuch, und sagt: „Ich Real. Du Waldi". Dann gibt sie ihm einen Kuss und rennt die letzten Meter bis zur Haustür der Großeltern.

Doch statt zu klingeln, schaut sie auf ein vorbeifahrendes Auto. Es hält direkt vor der Feuerwehr. Die Sirene ruft immer noch die Feuerwehrleute zu sich. Das hatten die beiden unter ihrem Zeitungskopftuch gar nicht mehr wahrgenommen. Ein junger Mann springt aus dem Auto und läuft in die Wache. Der Fahrer will wenden. Muss mit dem Zurückstoßen aber warten, weil ein weiteres Auto um die Ecke biegt und vorfährt. „Das ist doch Tommys Auto", sagt Anna in einem Ton, als wäre es eine Frage. Doch wie sollte Stephan diese Frage beantworten. Er kennt weder einen Tommy, noch weiß er, was der für ein Auto fährt. Der Motor muss getunt sein. Das hört man sogar im Standgas. Die Felgen der Breitreifen glänzen. Auch jetzt noch, obwohl es seit Tagen nur noch Dreckwetter gibt. Es ist ein Zweitürer mit Easy Entry, den extra großen Türen. Hinten und vorn sind Anbauten am

Auto angebracht. Stephan kann unmöglich sofort die Automarke erkennen. Auf diese Entfernung ist auch kein Markenzeichen an der Heckklappe oder am Grill zu entziffern. Anna winkt dem Fahrer trotzdem zu. Langsam gurgelt das Auto den beiden entgegen. Stephan drückt sich mit dem Rücken an die Haustür, um unter dem schmalen Türsturz etwas Schutz vor dem Regen zu finden. Die Zeitung ist längst Matsch. Beim Herunternehmen vom Kopf reißt das größte Stück ab und schwimmt langsam den Rinnstein entlang. Den Rest, der an seinen Fingern klebt, versucht Stephan mit kräftigem Schütteln loszuwerden. Die nackten Füße in seinen Sandalen hatten eh nichts von dem Schutz. Auch jetzt an der Haustür sind sie den Tropfen weiter ausgeliefert. Er muss niesen.

Das Auto hält genau vor ihnen. Von innen wird die Beifahrertür einen Spalt weit aufgestoßen. Anna läuft flugs durch den Regen hin und steigt ein, als wäre es das Taxi, auf das sie beide schon so lange gewartet haben. Sofort schlägt sie die Tür hinter sich zu. Offenbar kennen sich die beiden gut. Hinter der vom triefenden Regenwasser unklar gewordenen Scheibe wirkt es so, als umarmte Anna den Fahrer. Oder war es doch eine Fahrerin? Genau erkennen konnte man das ja nicht. Aber welche Frau fährt so ein Auto? Anna jedenfalls nicht. Sie hat zwar ihrem Auto einen Namen gegeben, besondere Aufmerksamkeit hat sie diesem Gebrauchsgegenstand aber nie gewidmet. Wie kann sie ihr Auto nur Benni nennen? Es ist noch nicht einmal rosa wie Benjamin Blümchen. Nie ist irgendetwas an dem Auto gemacht worden. Spoiler anbauen, verchromte Teile besorgen und dann fällt der Wert der Karre trotzdem von Jahr zu Jahr. So was würde Anna nicht einfallen, geschweige denn sich daran erfreuen. Autowäsche übernimmt regelmäßig ein Tiefdruckgebiet. Und innen zu putzen, ist doch Zeitverschwendung, wird doch sowieso gleich wieder dreckig. In ihrer Wohnung darf zwar kein Haar im Waschbecken die Morgentoilette stören, aber im Auto kann krümeln, kleckern und tropfen wer und was will. Das arme Auto.

Anna und der Autofahrer gestikulieren wild. Das Gespräch scheint angeregt zu sein, aber nicht aggressiv. Stephan versucht immer noch, das zweite Gesicht zu erkennen. Aber wen kennt er schon von Annas Freunden? Als Stephan Anna vor zwei Jahren zum ersten Mal bei einer Party sieht, da ist er fasziniert. Jeder beobachtet bei dieser Fete mehr oder weniger auffällig, wie sich Anna temperamentvoll präsentiert. Ein wahres Schauspiel. Inmitten fläzender Teenager, die vor Coolness in ihrer Langweiler-Pose erstarren, lebt Anna regelrecht auf. Sie redet nicht nur, sie gestikuliert, agitiert, spottet, maßregelt und das alles in einem einzigen Redeschwall. Dabei leuchten ihre Augen. Ihr Körper ist gestrafft, als müsste er ihre Energie ständig im Zaume halten. Dass alle Augen auf sie gerichtet sind, kann sie nicht übersehen. Und trotzdem geht sie zum Schluss allein. Keiner der Jungs geht ihr nach, fragt sie, ob er sie sicher nach Hause geleiten soll. Auch Stephan nicht. Das passiert erst später, als sie zusammen im Kino waren. Sie als Besucherin und er als Aushilfe an der Kasse. Anna will sich von Stephan einen Film empfehlen lassen. Er erklärt tatsächlich seinen Lieblingsfilm. Bis die Nachfolgenden in der Kassenschlange murren. Dass Anna sich längst für einen Streifen entschieden hat, kann er ja nicht wissen. Sie findet es nur niedlich, wie er sich so für seinen Film engagiert. Wenn Stephan Einlassdienst hat, geht sie gleich zu ihm hin, ohne zu bezahlen. Erst war er für Anna nur nützlich, dann sympathisch und schließlich sogar liebenswert. Natürlich geht er mit, als Anna ihn nach der Spätvorstellung fragt, ob er sie noch ein Stück begleiten kann. Er ist schwer verliebt. Nichts anderes ist mehr so wichtig wie Anna. Er tröstet sie, wenn es zu Hause mal wieder Zoff gibt. Er ist ihr Ratgeber beim Einkaufen. Er akzeptiert es sogar, ab und an als schlechtes Beispiel für unmodisches Styling herzuhalten. Er ist doch so verliebt in Anna.

Endlich klackt der Riegel einer Autotür. Doch nicht die Beifahrertür öffnet sich, sondern auf der Fahrerseite schiebt sich ein Kopf aus der Spalte zwischen Tür und Autodach nach oben. Der Rest des Menschen bleibt im Auto stecken. Aha, der Fahrer ist also ein junger Mann. Aber ein unbekannter. Ein kurzer musternder Blick auf Stephan. Ein angedeuteter Gruß und schon ist der Kopf verschwunden. Wieder große Gesten im Auto. Es wackelt sogar ein bisschen. Lachen die beiden etwa über Stephan, wie er da vor dem Hauseingang steht, die Hacken an die Tür gestemmt, und sich so schmal wie möglich macht, als würde es helfen, nicht von den Regentropfen getroffen zu werden. Warum spricht der Typ ihn nicht an? Warum lässt Anna Stephan so lange allein dort stehen? Die beiden Köpfe im Auto sind wieder dicht beieinander, aber nur kurz.

Jetzt öffnet sich die Beifahrertür. Zuerst kommen die beiden Füße zum Vorschein, dann Annas Rückfront und zum Schluss zieht sie den Kopf aus der zuschnappenden Tür. Lachend läuft sie durch den nachlassenden Regen Stephan entgegen. „Wer ist denn das?", fragt er. „Wollen wir heute nach Dresden auf eine Party gehen?", ist ihre Antwort. Stephan wiederholt seine Frage. Anna antwortet sichtlich aufgekratzt. „Na, Tommy, habe ich doch gesagt." Nein, sie hatte es vermutet. Das ist doch ein Unterschied. Stephan ist völlig durchnässt und sagt, dass er heute nirgendwo mehr hingeht. Er breitet die Arme aus und deutet mit einer Kopfbewegung auf seine inzwischen klatschnasse Hose. „Hast du keine andere mit?", fragt Anna. Nun ist sie es mal, die keine Antwort bekommt. „Ich will jetzt endlich rein!" „Bist wohl sauer wegen Tommy." „Quatsch. Nur, weil ich hier rumstehen muss." „Warum bist du denn nicht reingegangen?" „Wie denn, wenn du den Schlüssel hast." Annas gute Laune ist unerschütterlich. Sie erklärt ihm beim Aufschließen, dass für solche Fälle doch die Klingel erfunden wurde. Dabei verfällt sie in einen Ton, als wollte sie einem Kindergartenkind eine bahnbrechende Erfindung nahebringen. Dann hakt sie sich so an Stephans linkem Arm ein, als würde eine Pflegerin einen Patienten aufs Krankenzimmer begleiten. Hinter ihnen bullert das Auto von Tommy los. Anna schaut dem Auto über Stephans Schulter nach, und zwar so, dass er es merkt.

Der Patient

In der Obhut von Annas Oma fühlt sich Stephan tatsächlich als Patient. Er darf sich sogar in Opas Fernsehsessel setzen. „Deine Augen sind ja ganz glasig. Wieso seid ihr nur da rausgegangen?", redet Annas Oma auf Stephan ein. Dabei dirigiert sie Anna in die Küche. Das Teewasser kocht, muss aufgegossen werden. Sie selbst schleppt jetzt einen Bottich herbei. Aus dem dampft es. „Hier kommen jetzt schön die Füße rein!“, befiehlt sie Stephan. Dann zieht sie eine Decke vom Sofa und legt sie ihrem Patienten um. „Wir sollten mal Fieber messen, junger Mann.“ Die Oma verschwindet kurz im Schlafzimmer und kommt mit einem Fieberthermometer wieder. „Ich habe kein Fieber“, wehrt Stephan ab. Sofort bekommt er eine Visite, mit Handauflegen auf der Stirn und Augenkontrolle. Frau Doktor Hausfrau wird unsicher. „Na, warten wir mal ab“, sagt Oma Uschi und zieht die Stirn in Falten. Dann mustert sie Stephan noch eine Minute lang mit erhobener Nase und ernstem Blick.

Natürlich wird es nicht lange dauern, bis Stephans Körpertemperatur steigt. Es regnet zwar draußen, aber immerhin ist Sommer und er sitzt jetzt hier im Fernsehsessel eingepackt wie ein Eskimo mit Füßen in derart heißem Wasser, dass es die Haut rötet. Doch das schlimmste kommt erst noch: Annas Auftritt mit der offensichtlich heißen und bis zum Rand gefüllten Teetasse. „So, jetzt wollen wir mal das Leben des verschnupften Mannes retten.“ Anna balanciert zu Stephan hin und hält ihm die heiße Tasse Tee vor die Brust. Dann spottet sie weiter: „Guck mal, hier schwimmen so gute Sachen drin. Salbei, Lindenblüten, Pfefferminze. Und alles aus garantiert ökologischem Anbau. Hmm, wie gut das schon duftet. Und alles schön austrinken, dann geht es dir gleich viel besser.“ Dann hält sie ihm die Tasse an die Lippen. Stephan dreht gerade noch den Kopf zur Seite, ehe sie die Tasse kippen kann. Seine Hände hatte Oma Uschi ja mit der Wolldecke gefesselt, als sie sie ihm umgeschlungen hat. Anna lässt nicht locker und erklärt in betont fürsorglichem Tonfall, dass eine Schnabeltasse leider nicht aufzutreiben war. Dann stellt sie die Tasse auf der Anrichte ab und setzt noch einen drauf: „Oh, das Näschen muss geputzt werden.“ Anna nimmt ein Papiertaschentuch aus einer Packung, die in Reichweite auf dem Tisch liegt und hält es ausgebreitet Stephan mitten ins Gesicht. Als er das „Fein gemacht“ hört, obwohl er gar nicht mitgespielt hat, könnte er platzen. Doch Oma Uschi kommt seinem Vulkanausbruch zuvor. „Der Tee muss doch erst abgegossen werden. So kann man den doch nicht trinken“, sagt sie an Anna gerichtet. Sie nimmt die Tasse mit einer Hand vom Schrank. Mit der Innenfläche der anderen Hand wischt sie im Gehen über die Stelle, wo die Tasse zuvor stand. Dann greift sie noch das Taschentuch, das Anna noch immer in der Hand hält, und verschwindet in der Küche. Anna lässt sich in den zweiten Sessel fallen und seufzt, als wäre sie von ihrem Pflegedienst völlig erschöpft.

„Regnet immer noch“, brummt Opa Kurt, der am Fenster steht, seit er seinen angestammten Platz für Stephan frei machen musste. Anna will die verdorbene Stimmung mit Smalltalk auflockern. Das klappt im Baumarktbüro auch immer. „Steht mein Auto noch da, Opa?“ Doch die Reaktion des Alten ist anders, als es Anna erwartet hat. „Was ihr immer mit eurem Auto wollt. Als wäre das das Wichtigste im Leben. Früher haben sich so junge Leute, wie ihr es seid, Kinder angeschafft. Heute sind es Autos. Oder Hunde.“ Dann dreht sich Opa Kurt vom Fenster weg und spricht die beiden direkt an. „Sicher braucht man heute öfter ein Auto als früher. Trotzdem braucht die Welt heute noch genauso Kinder wie früher. Wo soll das alles denn noch hinführen, wenn es immer weniger Kinder gibt?“ Stephan kauert sich im Sessel zusammen und zieht die Decke über einer Schulter straff. Er ist sichtlich angeschlagen. Seine Augen sind leicht gerötet, aber er hält seinen Blick fest auf den Opa gerichtet. Anna scheint von den Worten auch berührt zu sein, sagt aber bewusst lässig: „Das kommt schon noch, Opa.“ Sie sieht ihn dabei aber nicht an und fingert von der Ablage unterm Tisch eine Illustrierte hervor. „Nichts kommt noch“, erwidert er streng. „Heute wollen doch alle nur noch Karriere oder Party. Und dabei stören Kinder, ist es nicht so?“

Anna geht in Verteidigungsstellung. Sie hält die Zeitung hochkant auf ihrem Schoß, als wäre sie ihr Schutzwall gegen die Worte von Opa Kurt. Dann setzt sie zum Befreiungsschlag an. „Ich will meinen Kindern ja auch was bieten können. Und wer keine Arbeit hat, hat auch kein Geld. Und wer Arbeit hat, der arbeitet nur noch. Denkst du denn, die warten auf einen, wenn man zum Chef sagt: Ich bin mal eben ein paar Jahre weg zum Kinderkriegen? Oder: Überstunden – nein danke, ich muss um vier in der Kita sein, mein Kind abholen? Kinder sind doch das größte Armutsrisiko geworden. Alles kostet, und das von Jahr zu Jahr mehr. Dann wirst du noch vom Vater sitzen gelassen und als Alleinerziehende hast du dann vollends verloren. Dann bin ich abhängig von Kinderfrauen, von der Kohle vom Ex und muss mich beim Chef ständig erniedrigen, weil ich um Verständnis winseln muss. Was ist denn das für ein Leben?" Das war deutlich. Anna fällt zurück in ihren Sessel. Dabei klatscht sie die Modezeitung, die sie immer noch mit beiden Händen hält, auf ihre Oberschenkel. Sie ist offensichtlich mit ihrem Plädoyer zufrieden.

Stephan schaut Anna an, als hätte sie ihm gerade etwas Furchtbares offenbart. Wie sollte sie Alleinerziehende sein? Stephan wäre doch da. Opa Kurt wendet seinen Blick wieder von Anna ab und schaut aus dem Fenster. Dass Oma Uschi schon seit einiger Zeit mit der Teetasse in der Hand in der Tür steht, hat niemand bemerkt. Dann betritt sie den Raum und spricht Anna an. „Ach Kindchen, ihr habt es schon nicht leicht heute. Aber man muss Kindern gar nicht viel bieten. Das Wichtigste ist, dass man für sie da ist." Sie stellt die Tasse in den Bereich des Tisches, in dem Stephan sie gerade noch erreichen würde, wenn er auch die Hand aus der Decke wickeln könnte. Die Oma würdigt ihn jetzt aber keines Blickes, sondern geht zu Anna rüber, die zu schmollen scheint, und streicht ihr liebevoll übers Haar. Offensichtlich will sie die angespannte Situation beenden und fragt: „Wolltet ihr heute auch noch irgendwohin?" Annas Gesicht hellt sich auf. Dann berichtet sie davon, dass sie den Tommy gerade getroffen hat und der sie zu einer Party in Dresden eingeladen hat. „Regnet doch", wirft Opa Kurt wieder mal dazwischen. „Ich fahr doch mit dem Auto", erwidert Anna, als könne sie den Opa damit beruhigen. Jetzt erwacht Stephan aus seiner Kuschelstarre, richtet sich behutsam in seinem Sessel auf. Dann richtet er einen erstaunten Blick auf Anna und sagt: „Sonst sträubst du dich doch immer, mit dem Auto in die Stadt zu fahren. Ich dachte, dass ist dir zu stressig?" Anna hat den Wink schon verstanden, geht aber nicht darauf ein. Sie sagt stattdessen, dass Tommy sie ja vielleicht abholt. „Wer ist eigentlich dieser Tommy?", fragt Stephan. Nun dreht sich auch Opa Kurt vom Fenster ab und schaut Anna an. Auch Oma Uschi hält kurz inne. Sie hat gerade in verschiedenen Schubfächern nach einem Untersetzer für die

Teetasse gesucht. Anna spürt sofort, dass sie nun die volle Aufmerksamkeit aller Anwesenden auf sich gezogen hat. Es scheint ihr nicht unangenehm zu sein. Fast übertrieben fröhlich erzählt sie von der Begegnung mit Tommy im Buddelkasten, als dieser sie immer verteidigte, wenn der böse Nachbarsjunge im Sand Tornado spielen wollte. Mit Tommy war sie auch das erste Mal zelten. Bei dessen Eltern im Garten. Vor dem Urlaub sollte das neu gekaufte Zelt mal ausprobiert werden. Und da Annas Eltern Camping hassten, hatten sie ihrer Tochter erlaubt, mal bei Tommy im Garten im Zelt zu übernachten. Danach wäre das Thema sicherlich erledigt, dachten sie. Tommys Eltern mussten natürlich versprechen, dass sie ein strenges Auge über der Aktion haben würden. Da waren Anna und Tommy zehn Jahre alt. Sie kennen sich also von früher. Tommy wohnt jetzt eigentlich in der Dresdner Neustadt, doch er hat einen Freund, der bei der Freiwilligen Feuerwehr in Freital ist. Jetzt wurde dieser per SMS zum Einsatz gerufen. Tommy hat ihn schnell zur Wache gefahren. Anna wirft sich in Pose, als hätte ein Dirigent sie aufgefordert aufzustehen und sich für ihren Einsatz bereit zu machen. Sie sagt: „Und da stand dann plötzlich ich. Und er konnte nicht anders, als anzuhalten. Ist das nicht verrückt, dass wir uns ausgerechnet hier in Freital wieder getroffen haben? Wir haben uns Jahre nicht gesehen. Das ist krass“, sagt Anna, die nun Zustimmung einfordert. Opa Kurt dreht sich wieder zum Fenster. Stephan muss schmunzeln. Ja, so kennt er seine Anna. Sie versprüht so viel Energie. Sie kann jeder Situation sofort eine neue Wendung geben. Während Stephan so über die Charakterzüge seiner Freundin nachdenkt, entspannen sich seine Gesichtszüge. Dann erwidert er jedoch: „Nicht du, sondern wir standen da.“ Dabei will er eine Handbewegung machen, bleibt aber in seiner Wolldecke hängen. Dabei zieht er ein Stück Decke durch sein Fußbad. Die nasse Ecke trieft auf den gemusterten Teppich. Oma Uschi entfährt ein spitzer Schrei. Dann stürzt sie zu Stephan hin. Von unten her aufwärts befreit sie ihn von seiner Ummantelung. Mit dem trockenen Ende der Wolldecke wischt sie noch kurz über den feucht gewordenen Teppich, dann verschwindet sie im Flur. „Ist das Wasser überhaupt noch warm?“, fragt Anna und deutet auf das Fußbad. Stephan schüttelt nur den Kopf. Wegen der Aufregung ist Opa Kurt vom Fenster ein Stück ins Zimmer getreten. „Hol mal ein Handtuch“, sagt er, ohne Anna direkt anzusprechen. Stephan würde das ja auch gern selber machen. Aber er weiß nicht, wie er das machen soll, wo er doch nasse Füße hat. Unbeholfen schaut er in die Runde. Als Anna aus dem Zimmer ist, nimmt er erst mal einen Schluck des Tees, der unberührt auf dem Tisch steht. Heiß ist der nicht mehr, aber auch noch nicht kalt. Erst nippt er nur vorsichtig an der Tasse, dann nimmt er einen kräftigen Schluck. Stephan verzieht ein wenig das Gesicht. Der Geschmack ist für ihn neu, aber genießbar. Er trinkt weiter und versucht, die Inhaltsstoffe zu identifizieren. Es müssten verschiedene sein, das merkt er schon. Aber nur Pfefferminze schmeckt er heraus.

Beim Betreten des Wohnzimmers überholt Oma Uschi Anna und nimmt ihr das Handtuch im Vorbeigehen aus der Hand. Mit einem Seitenblick prüft sie, ob Stephan schon von dem Tee getrunken hat. Sie trocknet Stephan die Füße ab. Nicht, weil dieser zu schwach dafür wäre. Aber sie fürchtet, dass er Wasser auf den Teppich tropft. Während sie sich dem ersten Fuß zuwendet, zählt sie alle Kräuter auf, die sie in den Aufguss gegeben hat. Erwartungsgemäß betont sie, dass alles selbst gepflückt ist. Stephan ist die Situation sichtlich peinlich. Wie ein Patriarch wird er hier von einer Frau bedient, die kaum aus der Hocke kommt, ohne sich am Tisch festzuhalten. Opa Kurt kann Stephans Elend offensichtlich nicht mit ansehen und geht aus dem Zimmer. Dann fällt die Wohnungstür ins Schloss.

Wenn Stephan nur nicht solche Kopfschmerzen hätte. Wie gerne würde er sich jetzt in sein Bett legen und drei Tage lang nicht mehr aufstehen. Doch das Bettzeug ist seit heute Morgen irgendwo in dieser Wohnung verschwunden. Bis zum Dunkelwerden wird aber wieder alles an seinem Platz liegen, da kann er sich sicher sein. Und hinlegen kann er sich eh erst, wenn auch die Großeltern zu Bett gehen. Die Wohnung hat nämlich nur zwei Zimmer dazu Bad und Küche. Anna und Stephan schlafen im Wohnzimmer. Doch hier steht auch der Fernseher. Das ist für die Alten das Schaufenster zur Welt. Das Fernsehprogramm gibt den Takt vor. Laufen Nachrichten oder Polit-Magazine, wird die Stube zum Diskussionszentrum. Hat sich Oma einen Liebesfilm erkämpft, herrscht Stille im Raum. Das wirkt dann richtig gespenstisch, wenn zwei betagte Leutchen auf einen Bildschirm gucken und sich dabei eine gefühlte Stunde nicht bewegen. Und Werbepausen sind in den dritten Programmen ja abends nicht vorgesehen. Lebhafter ist es dagegen, wenn Fußball läuft. Opa Kurt wirft zwar nur sporadisch Fachbegriffe ein wie Aus, Hand oder Gelb. Aber Oma Uschi redet dann fast ununterbrochen. Sie würde keinen Pfifferling für diesen sinnlosen Ballsport geben. Aber jetzt kann sie ihrem Kurt mal alles erzählen, was sich die ganze letzte Zeit angesammelt hat. Sie kann ja auch nichts Wichtiges verpassen. Läuft ja nur Fußball. Da kann sie sich mal voll konzentriert auf die sonst wenig benutzten Pfade des Gedächtnisses begeben. Jetzt kann sie sich auch sicher sein, dass Opa Kurt nicht mitten im Satz losläuft, dass er sitzen bleibt, um zu hören, was sie sagt. Aber hört er sie überhaupt? Akustisch sicherlich. Aber könnte er auch antworten, wenn sie ihm mittendrin in dem Gesagten mal eine Frage stellen würde? Sollten sie in ihrem jetzigen Tun tatsächlich zufällig zusammentreffen, könnte das für einen Dritten ein lustiger Dialog werden. Sie: „Soll ich das große Licht anlassen oder soll ich es ausmachen?“ „Aus! Das ist ja wohl unstrittig.“ „Welche Farbe hat eigentlich das neue Auto?“ „Gelb, Gelb, das war doch Gelb!“ „Hast du gesehen, Frau Nachbarin hat ein Gipsbein, die Arme.“ „Das war eindeutig Hand, das sieht doch jeder Blinde!“ Aber vielleicht ist es Oma Uschi gar nicht wichtig, dass sie eine Antwort oder einen Lösungsvorschlag bekommt, selbst auf ihre Fragen. Eigentlich reicht ihr schon ein bisschen Anteilnahme. Was er antworten würde, weiß sie sowieso meist vorher schon. Was soll schon noch Überraschendes passieren, nach über vierzig Jahren Ehe? Sie fragt trotzdem. Man muss doch miteinander reden. Das gehört sich doch unter Eheleuten.

Jetzt sind sich aber beide mal wieder aus dem Weg gegangen. Opa ist im Keller. Oma Uschi steht in der Küche. Muss Stephan etwa schon wieder etwas essen? Vielleicht ist ihm ja auch von Großmutters Kalorienküche so schlecht. An der Wohnungstür schließt es. Opa Kurt ist zurück. Er kommt ins Wohnzimmer. In einer Hand trägt er eine graue Wolldecke. Er hält sie Stephan hin und sagt: „Hier Junge, da frierst du bestimmt nicht. Die Decke hat mir schon ein paar Mal das Leben gerettet. Als wir damals bei minus fünfzehn Grad in unserer Stellung lagen und auf den Feind gewartet haben." Stephan greift zu, breitet die Decke weit aus und liest die Aufschrift. Drei Buchstaben stehen drauf – NVA. „Auf welchen Feind habt ihr denn bei der Nationalen Volksarmee gewartet? Auf den bösen Imperialisten, der euch die Trabis wegnehmen wollte? Die NVA gab es doch erst nach dem Krieg", witzelt Stephan. Opa Kurt lächelt. Endlich mal jemand, der seinen spröden Humor versteht. Es überrascht Stephan nicht, dass Opa Kurt eine solche Decke besitzt. Der Alte hat zwar nie etwas mit dem Militär am Hut gehabt, aber was praktisch ist, das hat für ihn einen Wert. Bei Fahrten im Winter waren die Kinder auf der Rückbank darin eingewickelt. Abends im Garten hat auch Oma Uschi mal zu der Decke gegriffen. Was Besseres gab es nicht. Gab es schon, aber nicht für den Garten. Dafür war vieles zu schade. Doch das ist schon zwanzig Jahre her. Danach lag die graue Decke nur noch ausgebreitet im Kofferraum – als Schmutzfänger. Das glaubte jedenfalls Oma Uschi. Für Opa Kurt lag sie dort natürlich für den Notfall. Sicher ist sicher. Seit beide ihren Führerschein zurückgegeben haben, hat sie Opa Kurt im Keller aufbewahrt. Vorher hat er sie noch mal in die Reinigung gegeben, ohne dass er es Oma Uschi wissen ließ. Sie hätte bloß über die Geldverschwendung geschimpft.

Ob sie die Decke überhaupt bemerken würde, wenn sie zur Tür reinkommt? Sie trägt ein großes Tablett belegter Brote vor sich her. Offensichtlich ist schon wieder Essenszeit. Abendbrot. Auf dem Tisch ist genug Platz zwischen abgelegten Zeitungen, Stephans Teetasse und einer Vase mit Sommerblumen, so dass Oma Uschi das Tablett gefahrlos abstellen kann. Mit raschen Handbewegungen schiebt sie die Zeitungen zusammen und nimmt sie vom Tisch. Dann blickt sie zu Stephan und ruft laut: „Nein, Kurtchen, die Decke gibt es immer noch? Ist das die aus unserm Auto? Das olle Ding gehört doch nicht in die Stube. Wo hattest du die denn versteckt?" Sie hätte natürlich nicht so laut zu rufen brauchen. Ihr Kurtchen saß ja in Reichweite. Er kann sich ein Schmunzeln nicht verkneifen. So, als wäre es ihm gelungen, einen kleinen Schatz vor den Grabräubern zu retten. Jetzt ist er also der kleine Held, der vom Dorfältesten für seine Tat vor aller Augen und Ohren gelobt wird. Doch statt sich bei dem Bestarbeiter unter den Haushaltslageristen zu bedanken, geht Oma Uschi auf Schnupperdistanz zu Stephan, der schon wieder bis über die Schultern verpackt ist. Näher und näher schiebt sie ihre Nase der grauen Wolloberfläche entgegen. Ihr Riechen kann Stephan jetzt hören. Auch er selbst atmet jetzt tiefer und versucht, sämtliche Gerüche auf seine Herkunft zu überprüfen. Da wird doch nichts von ihm sein? Schwitzen tut er ja. Aber riecht man das auch? Kurz bevor Omas Nase die Decke berührt, dreht sie zu Opa Kurt ab und sagt erstaunt: „Wo hast du die denn gehabt? Die riecht ja gar nicht." Wieso sollte sie auch riechen? Es ist zwar schon eine Weile her, dass sie Opa Kurt aus der Reinigung geholt hat, aber wie sollte etwas in seinem Keller anfangen zu riechen? Von außen sieht der verbretterte Verschlag zwar wie ein gewöhnlicher Keller irgendeines Mieters aus diesem Mehrfamilienhaus aus, aber wenn man die auf der Innenseite mit Stoff bespannte Tür öffnet, betritt man ein Reich, das einem unbekannten Bewohner gehört.

Man könnte es fast als gemütliches Zimmer bezeichnen, wenn da nicht nur dieses winzige Fenster wäre. Selbst an einem sommerlichen Nachmittag ist es für die Sonnenstrahlen ein aussichtsloses Unterfangen, den etwa drei mal vier Meter großen Raum zu erhellen. An der Decke hängt ein blecherner Lampenschirm. Der Fußboden ist komplett mit Auslegeware bedeckt. Zuvor hat Opa Kurt sogar eine dünne Schicht Estrich aufgebracht. So sieht der Fußboden eben aus wie in einem Wohnraum. Gleich neben der Tür steht ein Staubsauger. Die Werkbank ist zerkratzt, aber akkurat aufgeräumt. Jedes Werkzeug steckt in seiner Halterung, die eigens auf eine Holzplatte montiert wurde. Die gegenüberliegende Wand ist von einer Schrankwand verstellt. Sie muss das Vorgängermodell der Möbel sein, die jetzt im Wohnzimmer von Annas Großeltern zwei Stockwerke höher stehen. Sie sind noch gut. Auch der Schrank im Keller hat eine Vitrine. Hinter der Glasscheibe harren Deckelkrüge, Pokale, Modellautos, eine Armbrust und diverse Gläser der Dinge, die nie mehr kommen werden. Wozu sie Opa Kurt aufgehoben hat, ist unklar. Aber dort drinnen stehen sie erst mal geschützt vor Staub und vor dem Zugriff von Oma Uschi. Sicher ist sicher. Hier unten ist Kurts Ehefrau aber nur selten. Selbst wenn sie etwas Wichtiges bräuchte, sie würde immer warten, bis es Opa Kurt aus dem Keller holen geht. Ginge sie selbst, würde sie vermutlich die Suche irgendwann entnervt abbrechen. Das Ablagesystem hat so gar nichts von ihrer Ordnung in der Wohnung. Für sie ist es wie eine Trennung auf ewig, wenn Dinge im Keller verstaut werden müssen. Wichtig ist nur, dass in dem Verlies des leicht Entbehrlichen überhaupt Ordnung herrscht. Dann, wenn sie selbst mal mit nach unten geht, um nach dem Rechten zu sehen. Jeder Mensch müsse doch auch was Eigenes haben, sagt sie. Das ist nun mal so in einer harmonischen Partnerschaft. Auf der Werkbank steht eine Leselampe. Neben dem klobigen Tisch quetscht sich ein gepolsterter Lehnstuhl in eine Lücke. Darüber fällt das nackte Mauerwerk der roten Ziegel auf, wie man es neuerdings auch in modernen Kneipen sieht. Hier könnte man tatsächlich einziehen. Hier findet eine körperlich arbeitende Seele Geborgenheit. Wenigstens für jene Augenblicke, in denen sie sich vor dem Stress der Zivilisation verschanzen muss. Wenn man sein eigenes Ich im Bunker seines Wohnhauses in Sicherheit bringt.

Dort also hat die Decke mit dem NVA-Zeichen auf ihren Einsatz gewartet. Nun sorgt sie dafür, dass Stephan immer mehr schwitzt. Zum Essen hat er eine Hand hervorgezaubert. Vorsichtig fingert er nach einer belegten Brotscheibe und balanciert das mehrlagige Gebilde zu seinem Mund. Die Tomatenscheibe oben drauf immer fest im Blick, dass sie nur nicht ins Rutschen kommt. Anna und Oma Uschi sind neben ihm auf dem Sofa eng aneinandergerutscht, um gut an den Tisch zu kommen. Opa Kurt hat keine Probleme mit den Schnittchen. Mit einem kurzen Ruck lässt er die Dekoration direkt beim Zugreifen zurück auf das Tablett gleiten. Dafür erntet er von Oma Uschi einen merkwürdigen Blick. Fast wie eine Mitwisserin schaut sie ihn mit leicht gesenktem Kopf etwas von unten an. Aber nicht böse. Sie scheint zu lächeln, aber eher unterdrückt, mehr innerlich. Sie haben sich ihre Marotten offensichtlich für immer verziehen. Er kann es nicht ausstehen, rutschige Tomatenscheiben auf der

Bemme zu haben. Und sie wird es immer wieder versuchen, ihn von der Bedeutung der gesunden Gemüse-Dekoration zu überzeugen. Anna wirkt abwesend. Einige der Blumen in der bauchigen Vase auf dem Tisch lassen die Köpfe hängen. Während sich Opa Kurt aus einer Flasche etwas Bier in sein Glas gießt, fragt er an Anna gerichtet: „Wollt ihr heute wirklich noch mal weg?“ „Na klar, wozu sind wir denn hergekommen“, antwortet Anna. Wegen der Großeltern? Die Frage stellt niemand. Dann betrachtet Anna Stephan, der mit zusammengepressten Beinen unter seiner Decke kauert und ergänzt: „Ich jedenfalls.“ Dann berichtet sie, dass Tommy sie zu einer Party eingeladen hat, zu der noch viele andere alte Kumpels kommen würden. Zu jedem Namen, den sie nennt, kann sie eine lustige Anekdote erzählen. Oma Uschi verschluckt sich fast beim Kichern. Opa Kurt hört aufmerksam zu. Vielleicht überlegt er aber nur: Erstaunlich, was eine einzige Frage für einen Schwall an Worten sprudeln lassen kann. Anders verhält es sich bei seiner zweiten Frage. „Fährst du mit dem Auto?“ Nach einer kurzen Pause antwortet Anna: „Nein. Tommy holt mich ab.“ Für sie war es also schon entschieden, dass Stephan nicht mitkommen würde. Stephan hustet leicht, als würde er auf sich aufmerksam machen wollen. Doch es kratzt tatsächlich in seinem Hals. Das Husten wird schnell kräftiger, tiefer. Er nippt an der Tasse mit dem wieder frisch aufgebrühten Tee, den ihm Oma Uschi vorhin serviert hat. Jetzt ist der Geschmack schon nicht mehr so überraschend. Kräftig ist er immer noch.

Sie geht, er bleibt

Das Abendessen ist beendet. Oma Uschi räumt alles vom Tisch auf das Tablett zusammen. Anna hilft beim Tragen des Geschirrs, das keinen Platz mehr auf dem großen Holztablett gefunden hat. Nach dem Gang in die Küche greift sie ihre Reisetasche und biegt ins Schlafzimmer ab. Stephan hört noch die Tür zufallen, als er selbst auf die Toilette eilt. Durch die Gardine des Badfensters kann er auch im Sitzen erkennen, dass gerade zwei Fahrzeuge mit Blaulicht von der Feuerwehr Richtung Hauptstraße am Haus vorbeifahren. Eine Sirene war nicht zu hören. Dann muss die Auffahrt auf die Hauptstraße wohl problemlos gewesen sein. Das ist es meistens, wenn die Feuerwehrleute nach rechts abbiegen, flussaufwärts. Stephan versucht, zu hören, in welche Richtung sich das Motorengeräusch entfernt. Der Versuch wird aber je gestoppt. Jetzt dröhnt ein anderer Motor die kleine Sackgasse hinauf. Das Gurgeln hört sich an wie das des getunten Autos von diesem Tommy. Als Stephan gerade noch sein Hemd in die Hose stopft und mit nur flüchtig abgetrockneten Händen die Badtür öffnet, steht Anna direkt vor ihm im Flur. Statt Shorts und T-Shirt hat sie jetzt ein leichtes Sommerkleid an. Zwei dünne Träger halten den geblümten Stoff auf ihren filigranen Schultern. Einen BH kann sie jetzt nicht angelegt haben, dazu ist der Ausschnitt am Rücken erkennbar zu tief. Dennoch sind Details ihrer straffen Brüste unsichtbar. Dieser Stil hat Stephan schon immer fasziniert. Und er darf jetzt der Mann an ihrer Seite sein. Da nimmt er selbst Haltung an, als müsste er einen Orden an seiner Brust präsentieren. Anna scheint das zu gefallen. Bei jeder Gelegenheit, ob beim Warten an der Ampel oder in der Schlange an der Supermarktkasse, schmiegt sie sich gegen diesen unsichtbaren Orden. Nur jetzt ist Stephan alles andere als der Held. Leicht krumm steht er vor ihr. Die Augen sind noch immer etwas glasig. Das Hemd ist unter den Armen und am Rücken leicht angeschwitzt. Heute findet er Annas Outfit auch nicht reizend. Heute bekommt er keinen imaginären Orden angeheftet. Heute geht er leer aus. Das ist ihm klar.

Es klingelt. Tommy stürmt das Treppenhaus hoch. Er hat sein Haar – anders als am Nachmittag – nun mit Gel gestylt. Von seinem Sommerhemd sind mehr Knöpfe offen als geschlossen. Lässig spielt er mit dem Autoschlüssel in seiner linken Hand. Stephan muss sich nicht mehr mit einer rhetorischen Frage vergewissern: Anna will tatsächlich zu der Party. Stephan sieht mitgenommen aus. Sie fragt trotzdem: „Soll ich allein gehen?“ Nein, natürlich nicht, denkt er. Weißt du nicht mehr: Jeder der Jungs würde sich sofort an dich ranmachen, wenn die sehen, dass ich nicht dabei bin. Doch er sagt: „Na klar. Geh nur allein.“ Wie peinlich wäre das denn, jetzt vor Oma und Opa seine Gefühle preiszugeben. Stephan weicht aber einen Schritt ins Wohnzimmer zurück, sodass Tommy ihn in seinem Zustand von der Wohnungstür aus nicht mehr sehen kann. Oma Uschi betrachtet Anna wie ein prachtvolles Gemälde. Das schulterlange Haar glänzt und ist akkurat frisiert. Sie ist so dezent geschminkt, dass man schon genau hinschauen muss, um zu erkennen, ob sie Kosmetik benutzt hat. Annas elegante, aber doch sportlichen Beine enden in zwei knallroten Riemchenschuhen, die sie gestern erst in Dresden gekauft hat. Da ist sie mal wieder viel zu lange mit Stephan über die Einkaufsmeile Prager Straße geschlendert. Das findet sie in ihrer alten Heimat immer noch attraktiver als in ihrer neuen. Wieso kann man gerade in Dresden so gut einkaufen? Zu bezahlbaren Preisen. Diese Frage hat sich natürlich nur Anna gestellt. Stephan blickt jetzt zu Boden und überlegt: Ich war ja beim Kauf dabei, vielleicht denkt sie ja daran, wenn der Stoff beim Tanzen über ihren Körper gleitet. Sollte das wirklich möglich sein, dass sich Frauen daran erinnern, mit wem sie welches Kleidungsstück in welcher Stimmung gekauft haben? Psychologen sind davon überzeugt. Das hätten Tests bewiesen, hat Stephan mal gehört. Er hofft, dass das stimmt, jetzt, wo sich seine persönliche Ordensfrau von ihm für unbestimmte Zeit verabschiedet, umflattert von einem leichten Sommerkleid. „Hast du denn gar keine Jacke?", fragt Oma Uschi. Sie sorgt sich. Spät abends würde es doch frisch draußen sein. Anna schnappt sich ihren schwarzen Blazer und hängt ihn lässig über den Unterarm. Opa Kurt sieht wie immer skeptisch drein. Das scheint auch Tommy, der brav an der offenen Wohnungstür wartet, zu registrieren. Er ruft in den Flur: „Keine Angst Herr Winkler, ich verspreche, sie wieder gesund abzuliefern." Dann etwas leiser: „Wann auch immer." An wen war dieser Nachsatz gerichtet? Tommys Grinsen kommt auch bei Stephan an, obwohl sie sich kaum sehen können. Drei Personen sind fast schon zu viel für den engen Korridor. Dass Opa Kurt Herr Winkler ist, muss sich Tommy über das Klingelschild zusammengereimt haben, denn gesehen haben sich die beiden vorher noch nie.

Alle drei Zurückgelassenen bekommen von Anna einen flüchtigen Kuss auf die Wange. In der Tür dreht sich Anna noch mal um und ruft Stephan zu, der verstohlen in den Flur lugt: „Ich hab das Handy dabei. Vielleicht musst du mich vom Bus abholen." „Alles klar. Ruf an!“ Dann hört man nur noch schnelle Schritte im Treppenhaus und ein kurzes Juchzen. Das Gurgeln des wegfahrenden Autos ist diesmal nicht zu hören. Ein Hubschrauber ist lauter, der gerade über Freital hinwegknattert.

Das Fernsehen macht Angst

Opa Kurt zieht den schweren blauen Vorhang zu. Die Abendsonne blendet sonst auf dem Bildschirm des Fernsehers, vor dem es sich Stephan und Annas Großeltern gemütlich gemacht haben. Stephan natürlich eingepackt in die NVA-Decke und vor ihm der aufgebrühte Tee. Darauf hat Oma Uschi bestanden. Ansonsten macht ihn die fürsorgliche Atmosphäre langsam mutig. Er hat sich sogar einen Stuhl herangerückt, auf dem er seine Füße abgelegt hat. „Mach's dir ruhig gemütlich, mein Junge“, sagt die alte Frau. Stefan hebt den Deckel der Teekanne ab und schaut auf die schwimmenden Blüten. Oma Uschi sieht das, steht auf und holt wortlos ein Sieb. Lächelnd reicht sie es ihm und sagt noch einmal, als hätte es Stephan nicht vorhin schon verstanden: „Der ist garantiert ohne Schadstoffe. Die Blüten habe ich selbst gesammelt.“ Sofort hakt Opa Kurt ein: „Hier bei uns in Freital? Haha, garantiert ohne Schadstoffe! So weit ist die Deindustrialisierung hier dann doch noch nicht fortgeschritten.“ Opa Kurt hat jahrzehntelang im nahen Edelstahlwerk am Hochofen gearbeitet. Seit dem Ende der DDR ist er pensioniert. Er sagt immer, dass er abgewickelt wurde. So nannten es die Politiker, wenn Anfang der Neunzigerjahre unrentable Betriebe geschlossen wurden. Oma Uschi war fast ebenso lange in der Kantine des Stahlwerks beschäftigt. Sie versuchte, noch etwas länger im Betrieb durchzuhalten. Als das nicht mehr in ihren fleißigen Händen lag, gab auch sie auf. Erst waren beide im Vorruhestand und jetzt sind sie Altersrentner. Opa Kurts Hände sind noch immer kräftig. Die fleischigen Finger sind bis unter die Kuppe behaart. Er ging gern ins Stahlwerk arbeiten. Auch Jahre nach der letzten gemeinsamen Schicht treffen sich die alten Kollegen immer noch regelmäßig im Stadtkulturhaus. Wenn sie auch von Jahr zu Jahr weniger werden. Die Arbeiter waren stolz auf ihr Produkt. Meist wussten sie sogar, was aus den Metallblöcken in anderen Betrieben geformt wurde. Und in Freital war der Ursprung dieses Erfolges. Der Schweiß, der einst auf dem glühenden Metall verdampfte, war ehrlich erarbeitet. Diesen Kraftakt konnte nicht jeder stemmen. Nur eines war und ist Opa Kurt immer peinlich: Wenn jemand Fremdes Freital als das „Rote Tal" bezeichnet. Die Spötter meinen das doppeldeutig. Zum einen geht es auf den Ursprung der Stadt zurück. Als sich 1921 die Siedlungen Deuben, Döhlen und Potschappel zusammentaten und die Stadt Freital gründeten, war es die hohe Zeit der sächsischen Sozialdemokratie. Tausende Arbeiter zog es nach Freital, wo die kohlehaltige Erde bester Nährboden für Wälder von Fabrikschornsteinen war. Der Organisationsgrad in den Gewerkschaften war groß. Die junge Stadt wollte anders sein. Doch über dem Vorzeigeprojekt der Sozis lag zu dieser Zeit schon der Schatten der nahenden Wirtschaftskrise mit Hyperinflation und Depression. Die jungen Stadtväter konnten die Erwartungen der Bürger nicht erfüllen. Enttäuschung allerorten. Aus der roten Arbeiterstadt wurde schließlich die braune. Das musste man eben hinnehmen. Schließlich könne ja nicht jeder Geschichte schreiben, war von nun an das Motto der Opportunisten.

Optisch hat Freital jedoch über Jahrzehnte eine rote Prägung behalten. Das lag an den Rauchwolken, die aus den Stahlkochern gen Himmel strebten. Und diese zweite Bedeutung des „Roten Tals" war Opa Kurt so peinlich, als wären es seine eigenen Ausdünstungen. Die wolkigen Abgase der Fabriken vermochten es nur selten, den Kampf mit der Thermik zu gewinnen. Der Westwind nahm die rötlich schillernde Dreckfracht nur hin und wieder mit. Stattdessen drückte oft der leichte Wind die stinkenden Rauchschwaden wieder ins Tal hinein. Von den Höhen aus schauten Spaziergänger auf ein bedauernswertes Stück bewohnter Erde. Sie gab zwar vielen Menschen ein Auskommen, wenige wurden sogar reich, doch wer konnte, machte sich hier im wörtlichen Sinne aus dem Staub. Opa Kurt und Oma Uschi dachten jedoch nie laut darüber nach, ihr Freital zu verlassen, obwohl es doch im nahen Dresden gemeinhin attraktiver oder auf den umliegenden Dörfern sauberer war. Doch die einen waren für die Winklers die arroganten Genießer im barocken Elbflorenz. Die anderen die einfältigen Einsiedler vom Lande. Beides war für sie nicht erstrebenswert. Ihresgleichen fanden sie in Freital. Dafür nahmen sie sogar die rote Wolke in Kauf, die erst recht im Morgenrot oder in der Abendsonne ihren Namensstempel aufgedrückt bekam. Für die Jugendlichen von heute, ist dieser selbst produzierte Nebel nur noch Legende. Doch für Opa Kurt war diese Zeit so prägend, dass er sie nicht vergessen kann, nicht vergessen will. Da können die neuen Besitzer der wenigen verbliebenen Fabriken noch so viel in den Umweltschutz investieren. Opa Kurt würde nie einen Tee trinken, dessen Kräuter in Freital und der näheren Umgebung gepflückt wurden.

Stephan trinkt trotzdem. Doch er hat vergessen, das Sieb zu benutzen. Vorsichtig, um nicht dabei ertappt zu werden, versucht er, die durchweichten Blüten von seinen gespitzten Lippen zu pflücken. Oma Uschi schaut dezent zu ihm rüber und lächelt. Wie immer. Sie fragt: „Und wie ist er?" Stephan versucht nun doch, die weichen Pflanzenteile runterzuschlucken und antwortet. „Ist gut." Oma Uschi wirkt zufrieden. Sie setzt sich mit vor den Fernseher. Das riesige Röhrengerät passt gerade so in das dafür vorgesehene Teil der eckigen Schrankwand. Die Deckenlampe spiegelt sich auf der Mattscheibe. „Soll ich die große Lampe ausschalten?", fragt sie in Richtung ihres Mannes. Ein kurzes Brummen soll wohl Zustimmung bedeuten. Bevor Oma Uschi zum Lichtschalter an der Tür geht, öffnet sie eine Tür des Vitrinenteils und hantiert im Innenraum. Ein Klick, dann funkelt die darin befindliche Gläserparade. Die indirekte Beleuchtung wirkt tatsächlich gemütlich, nachdem das Deckenlicht im Zimmer erlischt. Oma Uschi macht es sich ein zweites Mal bequem.

Opa Kurt schaltet vom Sportkanal um auf eine Nachrichtensendung. Die drei Zuschauer in ihren Polstern erstarren. Was sie da sehen und hören, kann nicht so ohne Weiteres vom Gehirn verarbeitet werden. Als Erste vermag die Oma wieder zu sprechen. Auch wenn ihr „Um Gottes Willen" an niemanden gerichtet ist. Sie sehen, wie der Bürgermeister von Grimma in die Kamera fleht, dass sofort die Bundeswehr losgeschickt werden müsse, weil seine Stadt gerade dabei sei, hilflos in den Fluten der Mulde zu versinken. „Was?!" „Das gibt es doch gar nicht!" „Was ist denn da los?" Jetzt reden die drei aufgeregt durcheinander, bis die Nachrichtensprecherin, die vermutlich Hunderte Kilometer weit weg von ihnen in einem Studio sitzt, dieses überraschende Wort sagt. „... Weißeritzkreis ..." Die Frau redet doch tatsächlich in dem bundesweit empfangbaren Fernsehsender vom Weißeritzkreis! Oma Uschi wiederholt den Satz, obwohl sie wissen muss, dass ihn die anderen beiden natürlich auch gehört haben. „Im Weißeritzkreis ist der Notstand ausgerufen worden!" Es wundert die drei, dass die den Weißeritzkreis im Fernsehen überhaupt kennen. Das haben sie noch nie zuvor erlebt. Die Mulde, die Weißeritz, die Müglitz und weitere Nebenflüsse der Elbe sind nach den starken Regenfällen an mehreren Stellen über die Ufer getreten. Häuser an den Ufern sind überflutet. Besonders dramatisch sei die Situation in Glashütte, erfahren sie jetzt über den Bildschirm. Dort hat eine Flutwelle den Ort verwüstet. Dann bittet die Sprecherin im Voraus um Verständnis für die Qualität der nunmehr ausgestrahlten Bilder, weil das soeben eingetroffene Video von einem Amateurfilmer stammt.

Mit hohen Schaumkronen peitscht eine braune Wassermasse durch die Straßen von Glashütte. Der Filmer steht offenbar geschützt an einer offenen Tür oder an einem Fenster. „Um Gottes Willen", ruft Oma Uschi erneut, als ein Auto wie schwimmendes Spielzeug gegen eine Hauswand kracht. Sie faltet die Hände vor dem Mund, den Blick entsetzt auf den Bildschirm gerichtet. Die komplette Fernsehwelt schaut gerade zu, wie im Osterzgebirge eine Stadt versinkt. Es sind keine Sequenzen, es gibt keinen Schnitt. Die Kamera ist unaufhörlich auf dieses Wildwasser gerichtet. Wo hier das Flussbett genau verläuft, kann man nicht erkennen. Wo der Zuschauer eine Straße vermutet, treibt ein Baucontainer vorbei. Der Amateurfilmer versucht, das dramatische Geschehen zu kommentieren. Doch immer wieder stockt er. Er kann keinen Abstand zu der Situation aufbauen, wie es möglicherweise ein unterkühlter Nachrichtensprecher täte, der schon von Kriegen zu berichten hatte. Jedes Stück Treibgut, das jetzt auf dem Bildschirm in der kleinen Freitaler Wohnung an den drei Fernsehzuschauern vorbeitreibt, wird aufgeregt beschrieben. Endlich stoppen die Bilder. Schnitt ins Studio. Stephan ist fassungslos. Dann wird eine Landkarte eingeblendet. Es ist Deutschland, auf dem die Konturen Sachsens farblich markiert sind. Dann folgt eine Karte Sachsens, auf der die Städte Leipzig und Dresden und dazu nur noch die Konturen des Weißeritzkreises markiert sind. Das gab es doch noch nie. Als würde es Stephan jetzt erst glauben können, sagt er: „Das ist ja bei uns. Bei uns haben sie den Ausnahmezustand ausgerufen!“ Der Moderator erklärt, dass sich die folgenden Sendungen verschieben werden und in Kürze eine Sondersendung ausgestrahlt würde. Dann flimmert ein anderes Thema über die Mattscheibe. Welches, das ist unwichtig. Verfolgen tut es eh keiner. Oma Uschi und Stephan reden ohne Unterlass aufeinander ein. Holt Oma Uschi kurz Luft, setzt Stephan ein. Und umgekehrt. Opa Kurt geht derweil ans Fenster, zieht die schweren Vorhänge ungewohnt schwungvoll auseinander. Geblendet vom matten Tageslicht schaut er auf die Straße, wo gerade wieder ein Auto mit Blaulicht vorbeizufahren scheint. Das blinkende Licht spiegelt sich in den Fenstern des gegenüberliegenden Hauses. „Und es regnet immer noch“, sagt der Großvater in den Redefluss der beiden anderen hinein. Die stocken plötzlich. Ja, auch sie wohnen im Weißeritzkreis. Ja, auch für sie gilt jetzt der Ausnahmezustand. Aber was bedeutet das? Werden jetzt die Bürgermeister abgesetzt? Darf man jetzt nicht mehr nachts auf die Straße? Es gab noch nie einen Ausnahmezustand. Jedenfalls nicht offiziell. Wie verhält man sich da? Für Stephan ist das alles neu und auch etwas unheimlich, weil sie ja gemütlich in der Stube sitzen. Von Notstand keine Spur. „Hochwasser hatten wir schon mal, 1953“, sagt Oma Uschi. „Da haben wir aber kaum was abgekriegt“, erklärt sie beschwichtigend. Instinktiv öffnet Opa Kurt das Fenster. Warum weiß er auf die Nachfrage seiner Frau nicht genau zu sagen. Dass es kräftig regnet, erkennt er auch bei geschlossenem Fenster. Und die Weißeritz kann er ja von der Wohnung aus nicht sehen. „Ist ganz schön viel Wasser auf der Straße“, sagt er, als er sich ins Wohnzimmer umdreht. Stephan legt seine Decke ab, geht ebenfalls zum Fenster und macht den zweiten Flügel weit auf. Oma Uschi behält derweil die Fernbedienung des Fernsehers in der Hand und den Bildschirm im Blick, um ja keine Bilder aus dem Weißeritzkreis zu verpassen. Stephan lehnt sich so weit aus dem Fenster, dass er an Opa Kurt vorbei

Richtung Hauptstraße schauen kann. Dass der Regen seine Haare jetzt erreicht, ignoriert er. Es dämmert. Etwas früher als man es im Sommer gewöhnt ist. Der dicken Wolken wegen. Nur schwer ist zu erkennen, wie tief das Wasser auf der Hauptstraße ist, durch das sich nur noch vereinzelt Autos schieben. Wasserfontänen spritzen Richtung Straßenrand. Fußgänger sind bei dem Sauwetter nirgends zu sehen. Opa Kurt streckt den Kopf nur so weit vor, dass er nicht nass wird. Doch Stephan wird der Regen jetzt zu viel. Er schließt seinen Fensterflügel und setzt sich wieder vor den Fernseher. Er fährt sich mit beiden Händen durch die Haare und merkt, dass sie beinahe tropfen.

Die Sondersendung beginnt. „Willst du noch ein Bier?", fragt Oma Uschi in Richtung ihres Mannes. Die Antwort bleibt offen. Der Fernsehmoderator ermahnt alle Autofahrer in Deutschland, die vom Unwetter betroffenen Gebiete weiträumig zu umfahren. In einem vom Namen wenig bekannten Ort in Bayern werden Feuerwehrleute gezeigt, die im Regen stehend einen Keller auspumpen. Und dann kommt schon wieder dieses unglaubliche Video aus Glashütte. Inzwischen wird vermutet, dass ein Damm gebrochen sein soll, oberhalb der kleinen sächsischen Stadt, in der sich die Uhrmacher seit zig Jahrzehnten ihre Handwerkstradition von Generation zu Generation weitergeben. Das Städtchen, in dem kein Haus höher als vier Etagen ist, erlangt nun neue, aber verzichtbare Berühmtheit. Der Dammbruch könnte Ursache für diese zerstörerische Flutwelle sein, die jetzt übers Fernsehen in fast jedes Wohnzimmer schwappt. „Was ist mit der Weißeritz?", fragt Opa Kurt vom Fenster aus. Dann schaut er wieder raus, als könne er seinen Posten gerade nicht verlassen. „Im Erzgebirge sollen Straßen schon unpassierbar sein", souffliert ihm Oma Uschi den Text des Fernsehmoderators. „Welcher Fluss fließt eigentlich durch Glashütte? Auch die Weißeritz?", fragt Stephan. Für diese Gegend hatte er sich bisher nie interessiert. „Nein, dort fließt die Müglitz", antwortet Oma Uschi. „Die hat aber keinen Damm in Glashütte", knurrt Opa Kurt vom Fenster aus. Dann befragt er sich selbst mit leiser Stimme aber doch so laut, dass es Stephan hören kann: „Was soll denn dann dort gebrochen sein?" Nun verlässt Opa Kurt doch seine

Stellung am Fenster. Stephan schaut unbewusst auf den Teppich und prüft aus einem unerklärlichen Antrieb heraus, ob vor der Fensterbank schon Fußabdrücke oder eine abgewetzte Stelle auf dem Fußboden zu sehen sind, weil Opa Kurt doch so oft am Fenster steht. Derweil holt der Alte eine Landkarte aus dem Schrank, die er gerade so auf der freien Hälfte des Tisches ausbreiten kann. Die Vase mit den Sommerblumen schiebt er zur Seite. Dass etwas Blütenstaub einer stark gebogenen Blume in sein Bierglas rieselt, bemerkt er nicht. Seine Augen scannen schon intensiv die Karte. „Hm, es könnte auch die Prießnitz sein“, sagt er nach kurzer Orientierung. „Ist die Karte denn überhaupt noch aktuell? Die ist doch schon uralt“, gibt Oma Uschi zu bedenken. Stephan muss innerlich schmunzeln und denkt sich: Klar, die Täler haben sie nach dem Zeichnen der Karte zugeschüttet und das Wasser kommt am Verkehrsschild des neuen Kreisverkehrs nicht mehr vorbei. Stephan kann sich über seinen eigenen Witz amüsieren. Sagen würde er das natürlich nicht. Auch Opa Kurt reagiert nicht. Er geht mit der Nase ganz dicht an die Karte heran, als könnte er sonst das Kleingedruckte nicht lesen. Schließlich entscheidet er im Tonfall eines Richters, der sich jede Widerrede verbittet: „Das kann nur die Prießnitz sein.“ Dann faltet er die Landkarte wieder fein säuberlich zusammen, verstaut sie im Schrank und nimmt wieder seinen Posten am Fenster ein. Was die Prießnitz für ein Fluss sein soll, weiß Oma Uschi nicht. Davon hat sie noch nichts gehört. So oft war sie aber auch noch nicht in Glashütte. Dann ruft die alte Dame aufgeregt in Richtung Fenster: „Die Bundesstraße 170 haben sie oben im Gebirge jetzt gesperrt.“ Opa Kurt ruft zurück, dass dort draußen auf der Dresdner Straße das Regenwasser auch nicht mehr abfließt. Die Kanalisation der Hauptstraße könne das viele Regenwasser wohl gar nicht mehr aufnehmen. Statt hinein in die Gullys drücke das Wasser jetzt aus ihnen heraus. Die Dresdner Straße müsse in Freital bestimmt auch bald gesperrt werden, wenn das hier so weitergeht.

Stephan wird unruhig. Das ist doch die Straße, auf der Anna heute noch aus Dresden wieder zurückkommt. Zurückkommen müsste. Es gibt nur diese Straße durch den Plauenschen Grund von Freital nach Dresden. Eine andere Strecke sind er und Anna noch nie gefahren.

Stephan erkundigt sich bei den Großeltern, ob es noch einen anderen Weg von Dresden nach Freital gibt. „Man könnte auch über Coschütz fahren“, erklärt ihm Oma Uschi und ergänzt, „oder über die Bundesstraße 170. Ach nein, die ist ja schon gesperrt.“ Vom Dresdner Stadtteil Löbtau aus, könne man aber auch über das auf einer Anhöhe liegende Pesterwitz nach Freital fahren. Dafür müsste man natürlich wissen, von wo Anna kommt. Von wo kommt sie eigentlich? Jetzt wird Stephan erst bewusst, dass er gar nicht gefragt hat, wo die Party genau stattfindet. „Bestimmt in der Neustadt“, sagt Oma Uschi, „die Jugend feiert jetzt immer in der Neustadt.“ Das könnte stimmen. Anna hat andauernd von der Neustadt geschwärmt, dass die Leute dort alle total gut drauf sind, dass es dort Läden gibt, die man nirgendwo anders findet, und dass man dort nachts um vier auf der Alaunstraße niemals alleine ist. Von dort führt der kürzeste Weg jedoch durch den Plauenschen Grund nach Freital. Opa Kurt rät Stephan, dass er Anna mal anrufen und ihr sagen solle, dass sie entweder über die Flügelwegbrücke an der Elbe und dann über Löbtau kommen sollte oder über die Carolabrücke und dann über Coschütz. Wie das geht, soweit sollte sie sich als gebürtige Dresdnerin eigentlich auskennen. Stephan lässt sich den Weg auf der Karte zeigen. Dann sucht er sein Funktelefon. Dass Stephan eben noch mit Fieber im Sessel verpackt auf den ersehnten Schlaf gewartet hat, ist plötzlich nicht mehr wichtig. Im Fernsehen läuft schon wieder dieses erschreckende Video aus Glashütte. Nun aber auf einem anderen Sender. Vermutlich können Fernsehteams jetzt auch an der Weißeritz solche Bilder drehen, aber professionell. Doch es ist inzwischen fast dunkel. Die Bilder bei Tageslicht in Glashütte haben da eine ganz andere Wirkung. Und wer sollte die hier in Freital drehen? Und die Dresdner haben ja ihren eigenen Abschnitt der Weißeritz zu filmen. Im Osterzgebirge gibt es weit und breit kein Fernsehstudio. Stephan ruft Annas Nummer an. Es klingelt. Das versichert jedenfalls der im Handy periodisch wiederkehrende Brummton. Stephan geht mit dem Telefon am Ohr zum Fenster und versucht, von dort aus zu erkunden, ob die Dresdner Straße noch befahrbar ist oder nicht. Wenn Anna doch nur mal rangehen würde.

Kapitel 3
Die Retter

Warten auf den Einsatz

Seinen Pieper hat Klaus Reinhard immer dabei. Selbst im Urlaub. Jedenfalls an den Tagen, an denen er seinen Urlaub im trauten Heim verbringt. Dann wäre er erreichbar. Als Rettungstaucher bei der Wasserwacht gönnt er sich nie Ferien, aber das erwartet nur er selbst von sich. Fordern tut das niemand. Denn in der Wasserwacht haben sich Ehrenamtliche zusammengefunden, die in Notfällen von ihren Arbeitgebern freigestellt werden müssen. Für die meisten der Freitaler ist das kein Problem. Fast alle arbeiten beim Roten Kreuz, als Rettungsassistenten, Kraftfahrer oder in der Verwaltung. Es ist aber auch ein Arzt dabei. Als Internist arbeitet er im Krankenhaus in Freital. Seine Leidenschaft ist aber das Tauchen. Er verpasst so gut wie kein Training am Stützpunkt an der Talsperre Malter oder in der Schwimmhalle. Es sei denn, sein zweiter Pieper, der von seiner Klinik, hält ihn davon ab. Auch heute kann er nicht dabei sein. In seinem Krankenhaus geht es um Leben und Tod.

So dramatisch sind die Einsätze der Wasserwacht für gewöhnlich nicht. Das größte Gewässer, das im Osterzgebirge Besucher anzieht, ist die Talsperre Malter. Es ist ein vergleichsweise kleiner Stausee. Aber die Leute von der Wasserwacht haben trotzdem einiges zu tun. In zwei Freibädern und einem Hallenbad müssen sie für die Sicherheit sorgen. Eine kleine Holzbaracke am Ufer des Sees ist ihr Stützpunkt. Zugestellt mit allerlei Ausrüstung ist die Hütte alles andere als gemütlich eingerichtet. Drinnen sitzt eigentlich nie jemand. Öfter patrouillieren die Rettungsschwimmer mit ihrem Schlauchboot zwischen Ruderkähnen und Tretbooten. Doch wehe, einer der Schlauchbootfahrer dreht mal den Außenbordmotor auf, dann hetzen sofort die neidischen Anlieger: „Die dürfen hier mit ihrem Motorboot entlangrasen. Wir nicht." Auf der Talsperre herrscht Motorbootverbot. Nur nicht für die Wasserwacht des DRK. Abfällig werden die Lebensretter dann „die Bademeister" genannt.

Neben dem Arzt ist Klaus Reinhard der einzige in der Truppe, der noch einen anderen Arbeitgeber hat als das DRK. Er ist Anlagenfahrer in einem mittelständischen Betrieb im Erzgebirge. Der stellt nach Auftrag Metallteile her. Eine halbe Million Euro kostet seine Maschine, hat Reinhard seinen DRK-Kameraden mal erzählt. Es ist eine verantwortungsvolle Aufgabe, die nur wenige andere in der Firma beherrschen. Selbst der Chef lässt als Ersten Reinhard ran, wenn die Technik wieder einmal auf ein neues Produkt umgestellt werden muss. Reinhard liebt seinen Beruf. Er hasst nur diese Großserien. Dann kann es schon mal passieren, dass er eine Woche lang nur beobachtet. Still verfolgt er den Produktionsablauf. Er könnte sich freuen, dass alles reibungslos klappt. Doch seine Unruhe wächst. Natürlich nur innerlich. Anmerken kann man dem kräftigen Mann mit seinem dunkelblonden Drei-Tage-Bart so gut wie nichts. Wenn dann aber langsam die Frage an ihm nagt, ob er überhaupt noch gebraucht wird, dann taucht er ab in seine Erinnerungen an die Einsätze mit den Rettungstauchern. Das ist seine Antwort auf Monotonie. Zum Schluss seines virtuellen Alarms schaut er auf seinen Pieper, ob der auch ordnungsgemäß eingeschaltet ist und bereitet sich auf das Ende seiner Schicht vor.

Dreimal im Jahr darf er im Notfall schon während der Arbeitszeit seine Maschine verlassen, darf er mit raus ins Wasser zum Lebenretten. Das war zwar noch nie nötig, aber er dürfte mitgehen, wenn er gebraucht würde. Sein Chef kann sich bestimmt nicht einmal mehr an diese Abmachung erinnern. Fast zehn Jahre ist das her. Für dieses nutzlose Dreimal-im-Jahr-Privileg wollte Reinhard sogar auf sein Weihnachtsgeld verzichten, wenn der Geschäftsführer nur nachgeben würde. Zu Hause gab es deswegen beinahe Krach. „Es gibt Wichtigeres, als nur zu malochen“, war Reinhards einzige Erwiderung.

Reinhards Ehefrau ist diese Männerclique suspekt. Hat ihr Klaus einen von denen am Telefon, hebt sich seine Stimme, sprüht er vor Energie und Ideen. Dann lacht er sogar mal laut. Hat er aufgelegt, sagt er nichts. „Was gab es denn?“ „Nichts Besonderes“, antwortet Klaus Reinhard dann seiner Frau, gibt ihr einen Kuss auf die Stirn und geht wieder seiner zuvor unterbrochenen Tätigkeit nach.

Heute ist es also so weit. Klaus Reinhard steht vor seinem Chef und bittet ihn, seinen Arbeitsplatz sofort verlassen zu dürfen. Seit Tagen schüttet es wie aus Kübeln. Die Kollegen bereiten sich auf ihre Mittagspause vor, Klaus Reinhard auf viel Arbeit. Der Geschäftsführer ist überrascht, dass sein Anlagenfahrer jetzt vor ihm steht. „Ich habe Sie schon früher erwartet, Herr Reinhard. Sie müssen los, oder? Ich hab im Radio schon gehört, dass im Gebirge mächtig was los ist." Klaus Reinhard staunt. Sollte sein Chef tatsächlich auch zehn Jahre lang daran gedacht haben, dass dieser Tag einmal kommen würde, an dem er einem Lebensretter das Startkommando geben müsste? Reinhards verdattertes Gesicht ermuntert den Geschäftsführer zu einer beschwichtigenden Floskel. „Das wird schon, Herr Reinhard. Nun packen Sie mal Ihre Sachen und dann retten Sie mal Leben", verabschiedet er seinen Mitarbeiter. „Viel Glück!"

Der Notstand

Wie ein Lauffeuer hat es sich herumgesprochen, dass seit dem frühen Nachmittag im Weißeritzkreis Ausnahmezustand herrscht. Auf Drängen der Feuerwehrleute hat sich der Landrat dazu durchgerungen, Katastrophenalarm im Osterzgebirge auszurufen. In einem ausgesprochen touristisch geprägten Gebiet könnte das eine kostspielige Angelegenheit werden. Die Berliner Schulen haben gerade Sommerferien. Die meisten Herbergen sind ausgebucht. Das ist nach den Winterferien die wichtigste Zeit im Jahr für das Hotel- und Gaststättengewerbe im Osterzgebirge. Für die Hauptstädter ist es die schnelle Chance auf etwas Sommerfrische. In drei Stunden ist man im Urlaubsort und die Luft in 600 bis 900 Metern Höhe ist herrlich frisch. Nicht nur im Vergleich zu Berliner Verhältnissen im Hochsommer. Baden, wandern, relaxen, seit der Wende hat sich im Erzgebirge so viel getan, dass man sich wundert, dass die Preise in den Privatunterkünften immer noch so günstig sind. So kommen die Gäste gerne ins Osterzgebirge. Seit Jahren geht es nur bergan. Und nun das.

Die Quellen der Gebirgsflüsse sind in den Himmel verlegt worden. Dauerregen seit Tagen. Die Experten nennen dieses Szenario 5b-Wetterlage. Dabei saugt sich ein Tief über dem Mittelmeer wie ein Schwamm voll Wasser, zieht östlich an den Alpen vorbei und regnet sich in Mitteleuropa ab. Aber warum „5b"? Vor Jahrzehnten hatten Meteorologen verschiedene Wetterlagen nach Nummern eingeteilt. Das System wird zwar nicht mehr genutzt, die Bezeichnung „5b" für die beschriebene Wetterlage blieb aber erhalten.

Das ist die höchste Kategorie, schlimmer geht's nicht, wenn es um Regenwetter geht. Dann sind die Talsperren voll, die Flüsse treten über die Ufer. Auch der eine oder andere Keller muss dann ausgepumpt werden.

Der Boden, die Bäume, das Gras – sie können nichts mehr schlucken. Die Wolken verdunkeln sich immer mehr. Der himmlische Wassertanker havariert über dem Osterzgebirge. Sowie die Regentropfen auf die Erde fallen, hüpfen sie zusammen, bilden eine immer größer werdende Lache, bis diese schließlich überläuft. Das Wasser kommt in Bewegung, sammelt sich in der nächst größeren Kuhle, bis auch diese ausläuft. Doch das geht schon seit Tagen. Überall, wo jetzt das Regenwasser hinfließt – es ist schon Wasser da. Alle Sammelplätze in den engen Tälern sind überbelegt. Also wohin? Das Wasser hetzt weiter. Erst als Rinnsal, dann als Bach, bis endlich ein Flusslauf erreicht ist. Für die Regentropfen ist es eine Autobahn, auf der sie richtig Geschwindigkeit machen können. Das unschuldige Regentröpfchen hat jetzt einen völlig neuen Charakter. Raserei macht Wasser gefährlich. Gefährlich für Mensch, Natur und Infrastruktur. Masten werden umgerissen, Telefon- und Stromverbindungen gekappt. Straßen sind unterspült, Bahngleisen ist der Schotter geraubt. Wer nicht unbedingt raus muss, der bringt sich im Haus in Sicherheit. Es darf nur nicht zu nahe am Fluss stehen.

Doch was ist mit den Kindern? Stehen der Hort und die Schule in Obercarsdorf nicht ganz dicht an der Roten Weißeritz? Hektisch versuchen die Erzieherinnen die Eltern zu erreichen. Der Spielplatz ist schon gesperrt. Zum Feierabend könnte die Schule unter Wasser stehen. Wer kann, holt sofort seine Kinder zu sich. Aber was ist mit denen, die kilometerweit weg arbeiten? Was ist mit denen, die nicht erreicht werden können? Lange Namenslisten liegen auf dem Tisch des Lehrerzimmers. Wessen Fall geklärt ist, wird abgehakt. Hinter vielen Namen steht eine Adresse. Dort könnten die Kinder hingebracht werden, dort sind sie erst einmal gut aufgehoben und können von den Eltern später abgeholt werden. Wie sollen die Kinder aber dorthin kommen? Kein Kind wird heute alleine losgeschickt. Hinaus in das Unwetter auf überflutete Wege. Auf den Straßen fährt auch kaum noch jemand. Der Asphalt ist unterspült und wird an immer mehr Stellen rissig. In einigen Senken warten Schlammbäder auf verwegene Autofahrer. Ein Allradfahrzeug wäre jetzt Gold wert. Aber keines ist aufzutreiben. Da bietet das Deutsche Rote Kreuz Hilfe an. Die Wasserwacht würde die Transporte der Kinder übernehmen, die nicht von ihren Eltern abgeholt werden können. Die noch gut befahrbaren Strecken übernimmt Paul Meiche mit seinem Mercedes Sprinter. Der junge Rettungsschwimmer ist zwar noch relativ neu im Team der Wasserwacht Freital, aber Autofahren kann der 25-Jährige wie kaum ein zweiter. Schnell sind alle Plätze im Transporter besetzt. Der älteste Schüler sitzt vorn. Er kennt sich gut in der Gegend aus.

In die Dörfer, wo die Lage auf den Straßen unklar ist, fährt der geländegängige Nissan Patrol die Kinder. Das Auto mit Allradantrieb wird von einem der Älteren aus der Wasserwacht gesteuert. Es ist Lars Glaube. In seinem Nissan lässt er niemand anderen auf den Fahrersitz. Es ist der erste Geländewagen, den die Truppe bekommen hat. Glaube pflegt ihn gewissenhafter als sein eigenes Auto. Das behaupten jedenfalls seine Freunde.

Andreas Haupt, der Chef der Wasserwacht, verteilt die Kinder auf die Autos. „Wer von denen muss denn jetzt noch weggefahren werden?“, fragt er die Schulleiterin, die inmitten einer Traube von etwa dreißig, vierzig Kindern im Foyer der Schule steht. „Na alle“, antwortet die Frau freundlich. „Wir haben aber nur zwei Autos. Das dauert doch Stunden“, stöhnt Andreas Haupt. Die beiden schauen sich einen ewig langen Moment tief in die Augen. Dann wenden sie wie auf Kommando gleichzeitig ihren Blick zum Fenster hinaus auf die Fluten, die an die Außenwand des Schulhauses klatschen. Dann ergreift Haupt die Initiative und erklärt der Schulleiterin ihre nächste Aufgabe: „Teilen Sie die Kinder in vier Gruppen auf, ja nach Himmelsrichtung, in die sie gebracht werden müssen. Die größte Gruppe fahren wir zuerst."

„Schuhe abputzen und vorne einsteigen!", herrscht Glaube die Grundschüler an, die sich in Zweierreihen vor der offenen Autotür aufgestellt haben. Alles läuft sehr ruhig ab. Die Kinder spüren, dass dies eine außergewöhnliche Situation ist. So angespannt haben sie die Erwachsenen noch nie erlebt. Beim Einsteigen huscht bei vielen Jungs dennoch ein Lächeln übers Gesicht. Sie sind noch nie in einem Geländewagen gefahren. „Was soll denn das?", ruft Glaube aus dem heruntergelassenen Fenster der Fahrertür seinem Chef zu. Der steht draußen und weist die Kinder an, noch enger zusammenzurücken. Auch durch die Heckklappe werden Hortkinder in den Fond des Autos geschoben. „Das sind doch viel zu viele!" Erst als alle Kinder der Gruppe im Auto verstaut sind, drückt Haupt von außen die Türen zu. Dann wendet er sich an den Fahrer und sagt: „Das geht schon mal. Sonst kriegen wir die hier nie alle weg. Die gehen uns sonst hier unter." Mürrisch startet Glaube das Auto. Beim Anfahren ruft Haupt noch: „Beeile dich, Du hast noch eine Fahrt". Es spritzt mächtig, als der Nissan über die Zufahrtsstraße der Schule davonfährt. Dann verschwindet das Auto aus dem Blickfeld.

Die Teufelsinsel

Jeder, der eine Uniform besitzt, ist jetzt im Einsatz. Natürlich sämtliche Feuerwehrmänner, auch die Rentner aus den Altersabteilungen der einzelnen Wehren. Sie pumpen Wasser aus Häusern, schleppen Sandsäcke oder sperren Gefahrenzonen ab. Das Technische Hilfswerk versucht, mit schwerer Technik Schutzdämme aufzuschütten und Geröll an den überquellenden Flussläufen wegzuräumen. Brücken und Straßen werden gegen die Fluten der Gebirgsbäche verteidigt. Polizeitaucher seilen sich aus Bundeswehrhubschraubern ab, um Menschen aus größter Not zu retten. Rettungsschwimmer, Pflegedienste und Sanitäter versorgen Hilfsbedürftige in ihren Häusern und richten Notlager ein. Doch auch die Versorgung der Helfer muss gewährleistet werden. Sie müssen mal trinken, essen, die Autos verlangen nach Benzin. Trotz aller Anstrengung ist es ein aussichtsloser Kampf. „Sie müssen sich jetzt selbst helfen. Wir haben keine Leute mehr, die zu ihnen kommen können." Dass er diesen Satz einmal zu einem seiner Dorfbewohner sagen müsste, das lässt den Bürgermeister verzweifeln. Die Lage im beschaulichen Osterzgebirge gerät außer Kontrolle. Der Dauerregen der letzten Stunden wächst sich zur Sintflut aus. An den Flüssen und Bächen, sogar an den Rinnsalen, die nicht mal einen Namen haben, spielen sich jetzt dramatische Szenen ab. Die Menschen versuchen seit dem Morgen, ihr Hab und Gut vor den Wassermassen zu retten. Zuletzt geht es nur noch um die eigene Haut. Die Leute aus dem Haus an der Kellerkurve in Obercarsdorf haben verloren. Ihr Haus ist eingestürzt. Das Gelände wird innerhalb weniger Minuten von den Fluten der Roten Weißeritz eingeebnet. Die Hausbewohner sind mit dem Leben davongekommen. Zusammengekauert und schluchzend schauen sie von einem Hang aus auf die verbliebenen Trümmer. Sie hatten sich rechtzeitig entschieden, das sinkende Haus zu verlassen. Als das noch möglich war.

Diesen Zeitpunkt haben die Besitzer eines Wohnhauses ein paar Kilometer flussabwärts in Ulberndorf verpasst. Rund um das Gebäude fließt jetzt Wasser. Das scheint das Rentnerehepaar drinnen aber wenig zu beeindrucken. Fast frohgelaunt winken sie aus einem Fenster aus dem Obergeschoss heraus. Umso aufgeregter sind deren Angehörige. Tochter und Schwiegersohn stehen in Sichtweite zum Haus an der Straße. Sie sind Hals über Kopf von ihrer Arbeit weggelaufen, als sie hörten, dass die Lage an den Flüssen im Gebirge dramatisch wird. Hinüber zu ihren Eltern und Schwiegereltern können sie nicht. Wie eine Insel ist das Elternhaus umspült. Die Strömung ist so stark, dass man zu Fuß nicht hinüberkommt. Sie haben den Notruf gewählt, als sie von einstürzenden Häusern im Nachbarort gehört haben. Doch auch die Feuerwehr kann nicht helfen. Hier ins Wasser zu gehen, wäre lebensgefährlich. Zwei Jungs von der Jugendfeuerwehr haben es an mehreren Stellen versucht. Sie wurden jedes Mal von den erfahrenen Kameraden zurückgepfiffen. Niemand könnte sie sichern.

Es gibt keine Furt, über die man das Gebäude erreichen und über die man die beiden alten Leutchen in Sicherheit bringen könnte. Inzwischen stehen ein Dutzend Leute herum und beobachten machtlos das Treiben der entfesselten Fluten. Dann passiert es. An einer Hausecke ist das Fundament derart unterspült, dass es die Hauswand nicht mehr tragen kann. In einer Höhe von etwa einem Meter tut sich ein mächtiger Riss in der Außenwand auf. Sofort presst sich das Wasser hindurch in die Wohnstube. Die Tochter der Bewohner schreit den Feuerwehrmann neben sich an: „Tun Sie doch irgendetwas!" Der nimmt wieder sein Funkgerät und will mit der Zentrale sprechen. Doch im Funkverkehr geht es drunter und drüber. „Wer ist der Nächste?" „Wer kann jetzt mal warten?" „Halten Sie Funkdisziplin!" „Mann, hier stürzt ein Haus ein!", schreit der Feuerwehrmann ins Funkgerät. Dann verschafft er sich endlich Gehör. „Auf der Teufelsinsel in Ulberndorf wird es ernst. Wir müssen zwei Personen aus einem Haus holen. Wegen der Strömung kommen wir aber nicht ran. Weder mit Fahrzeugen noch zu Fuß. Wer kann uns helfen?" Die Frau ist einerseits beruhigt, dass der Feuerwehrmann weitere Hilfe ruft. Aber alles wirkt sehr chaotisch. Das macht ihr Angst. Dann wendet sich der Feuerwehrmann an sie und redet sachlich auf sie ein: „Die Wasserwacht will einen Trupp schicken. Die schaffen das. Die haben dafür geeignete Boote und auch eine Taucherausrüstung." Tauchen? Das Wasser ist doch so flach. Hier kann doch keiner tauchen? Die Frau ist irritiert.

Wie ein Vorhang erschweren die Regenstrippen die Sicht. Das Wetter ist deprimierend. Die Sonne hat sich seit Tagen nicht mehr blicken lassen. Jetzt blitzt es auch noch vom Hang herüber, von dort, wo die Straße den Berg erklimmt. Es sind die vorderen Signalblitzer des Nissan Patrol der Wasserwacht. Der Geländewagen hat sich über Waldwege ins Tal nach Ulberndorf vorgekämpft. Hauptstraßen gibt es nicht mehr. Das Hochwasser hat stückweise von ihnen abgebissen. Die Rettung naht. Fünf Männer sitzen in dem Auto. Sie tragen wasserdichte Tauchanzüge. Doch keiner der Wartenden jubelt. „Wo sind denn die Boote?", fragt einer, als Andreas Haupt aus dem Auto steigt. Der Chef der Wasserwacht erklärt den Enttäuschten, dass sie froh sind, es überhaupt hierher geschafft zu haben. Unterwegs sahen sie etliche liegen gebliebene Autos. Auch ihren eigenen Transporter mussten sie vor einem Wasserloch stehen lassen. Mit einem Bootsanhänger wären sie nie durchs Gelände hier runtergekommen. Das sei so schon waghalsig gewesen. Andreas Haupt hatte aber eine andere Idee.

Einer muss ins Wasser! Das ist keine Frage. Nur wer? Das fragt nur, wer nicht zur Mannschaft der Wasserwacht des Freitaler DRK gehört. Natürlich Andreas Haupt. Er ist der Anführer. Er ist der von jedem akzeptierte Chef. Er geht voran. Wie schwierig die Aufgabe im Wasser auch ist, Andreas Haupt hat immer eine Lösung. Meistens ist sie sogar die beste. In der Wasserwacht des Roten Kreuzes folgt man dem zwei Meter großen Hünen wie einem Halbgott. Hätte der Vorstand des DRK nicht ihm den Posten des Leiters der Wasserwacht übertragen, es würde diese schlagkräftige Truppe in dieser Art nicht geben. Wieder einmal sind alle Augen auf ihn gerichtet. Auch die beiden Neuen bei der Wasserwacht, Paul Meiche und David Strozniak, haben zwar einen Vorschlag. Doch sie wissen schon, dass sie zu warten haben, bis die Gedanken ihres Chefs durchgearbeitet worden sind. Erst dann können sie mit ihrer Idee vorsprechen. Doch die Zeit drängt. Ein Palaver könnte die beiden Menschen, die dort drüben gerettet werden müssen, das Leben kosten. „Personenrettung in Ulberndorf", hieß es professionell nüchtern im Funkspruch. Das schmale, aber lange Örtchen schlängelt sich im Osterzgebirge zusammen mit der Bundesstraße 170 und der Roten Weißeritz durchs Tal. Die tapferen Feuerwehrleute aus Ulberndorf und Dippoldiswalde sind immer wieder gescheitert, zu dem Haus zu gelangen. Stabile Rettungsboote gibt es hier oben im Osterzgebirge nicht. Und das einzige größere Auto, das hier aufzutreiben war, ist schon im Morast eingesunken, bevor es überhaupt richtig im Wasser stand. Zu Fuß müsste man sich gegen das kantige Treibgut im Wasser schützen. Eine schwere Feuerwehrmontur wäre dazu zwar geeignet, zu gefährlich ist es trotzdem. Wer in diesen Fluten umfällt, kommt allein nicht mehr hoch. Da könnten die Helfer am Sicherungsseil so kräftig ziehen, wie sie wollen. Auf so etwas ist kein Feuerwehrmann vorbereitet.

Jetzt steht die Rettungsstaffel der Wasserwacht vor dem inzwischen gefluteten Wohnhaus der Familie Schulze in Ulberndorf. Es ist vielleicht dreißig, höchstens vierzig Meter entfernt. Und doch unerreichbar. Die als Regenwasserabfluss seit Stunden völlig überforderte Weißeritz ist unberechenbar geworden. Den Garten der Schulzes auf der Teufelsinsel und die Fernverkehrsstraße hat das Hochwasser schon längst versenkt. Das Haus steht etwas abseits des Ortes zwischen Straße und Flusslauf. Doch der ist nicht mehr erkennbar. Die Fluten haben sich breit gemacht und greifen das Haus von allen Seiten an. Die Vorhut hat sich schnell im Erdgeschoss eingenistet und die Bewohner ins Obergeschoss vertrieben. Die Türen der eilig ausgeräumten Schränke stehen angelweit offen. Sämtliche Handtücher und Decken, die im Haushalt existieren, treiben im Wasser durch den Raum, weggespült aus den Türschlitzen und von den Fensterbänken. Das Wasser steht schon über der Fensterbrüstung. Eine Kommode ist von innen vor die Eingangstür geschoben. Das Wasser fand einen anderen Weg herein. Erst ist es durch die Dielung des Fußbodens in die Zimmer gesprudelt. Zuletzt durch den riesigen Riss in der Außenwand. Nur die Deckenlampe ist noch trocken. Die triefenden Ahnen schauen aus ihren Bilderrahmen an den Wänden auf das Desaster im Haus von Hildegard und Fritz Schulze.

Das Gebäude hat schon Jahrzehnte auf dem Buckel. Es ist nicht besonders hübsch. Der Putz ist grau. Er stammt vermutlich aus einer anderen Epoche. Die Bewohner sind aber stolz auf ihr Eigen. Vor den blank geputzten Fenstern im Obergeschoss hängen Blumenkästen, aus denen kräftig rote Geranien und bunte Petunien quellen. Sie hängen immer herab. Nicht nur weil sie jetzt klatschnass sind. Die Fensterrahmen sind so strahlend weiß, als hätte der Maler gerade erst Feierabend gemacht. Den rötlichen Dachziegeln sieht man zwar an, dass sie schon Erfahrung mit Unwettern haben, aber komplett saniert werden musste das Dach noch nie. Fast alle Ziegel liegen noch so akkurat an der Stelle, die ihnen die Erbauer einst zugewiesen hatten. Seit Tagen hat das Dach Schwerstarbeit zu leisten. Seit Wochen ist es nicht mehr vollständig abgetrocknet. Und doch geben sich die Ziegel dem Dauerregen nicht geschlagen. Kein einziges Tröpfchen sickerte durch. Das wäre dem Hausherrn nicht entgangen, denn seit das Wetter die Beherrschung verloren hat, macht Fritz Schulze jeden Morgen einen Kontrollgang auf dem Dachboden. Immer mit dem gleichen Ergebnis. Stolz verkündet er dann seiner Frau Hildegard: „Es geht eben nichts über beste deutsche Wertarbeit.“ Gegen Wasser von oben ist das zweigeschossige Gehöft gut gerüstet. Jetzt muss es sich aber gegen Wasser von unten erwehren. Unaufhörlich peitschen die Wellen der über die Ufer getretenen Weißeritz gegen die Außenwände. Die Regenwolken haben sich noch lange nicht entleert. Zahllose Rinnsale strömen von den bewaldeten Hängen und füllen das enge Tal. Das Wasser steigt und steigt. Auf der Hauptangriffsseite hat das Haus keine Fenster. Längst wären sie zerborsten. Verlassen hätten die beiden Bewohner ihr Heim aber nie. Das wäre ja wie aufgeben. Und das wegen eines Hochwassers? Schon mehrfach hatten die Schulzes eines erlebt. Trotzdem ist das Haus zusammen mit seinen Eigentümern alt geworden. Warum sollte es diesmal anders sein?

Inzwischen krachen die immer stärker werdenden Wellen wie Kanonenkugeln gegen die Hauswand. Das leichter gebaute Nebengebäude ist gefallen. Andreas Haupt und seine Leute müssen jetzt handeln. Egal wie. Quer durchs Gelände sind sie so nah wie möglich mit ihrem robusten Allradfahrzeug an den Wasserrand gefahren. Das ist jetzt also das neue Ufer der zum Strom angeschwollenen Weißeritz. Von hier aus wird nun die Rettung der beiden Eingeschlossenen organisiert. Auf Besserung ist nicht zu hoffen. Der Regen hat noch Ausdauer. Die Rettungstaucher sind jetzt schon seit Stunden im Einsatz. Sie haben die Kinder durch unwegsam gewordenes Gelände von der Schule nach Hause gebracht, haben leichte Krankentransporte gefahren und nebenbei immer wieder den Menschen geholfen, die verzweifelt versucht haben, irgendwie ihr Heim zu sichern. Für normale Autos sind viele Straßen nicht mehr passierbar. Entweder sind sie unterspült, kleinere Brücken zerstört oder die Fahrer trauen sich einfach nicht mehr auf die Fahrbahnen, deren Belag unter dem fettig braunen Schlamm nicht mehr zu erkennen ist. Wer kann, der flieht. Hauptsache weg von diesem Wasser. Irgendwohin, in Sicherheit, wo man keine Angst mehr haben muss, von der Außenwelt abgeschnitten zu werden. Bis zur Nacht wollten doch alle wieder in ihren eigenen Betten sein. Das wird wohl nichts. Die Gefahr hat die nächste Stufe erreicht.

Andreas Haupt zieht an seinem Hals den Reißverschluss des viel zu eng wirkenden schwarzen Taucheranzugs zu. Dabei beäugt er intensiv die paar dutzend Meter vom Einsatzfahrzeug bis zum Haus der Schulzes. Wo könnte der beste Weg sein? Die Handgriffe beim Anlegen der Ausrüstung erfolgen automatisch. Aber was braucht er jetzt wirklich? In zahllosen Übungen wurde vieles durchgespielt. Nur das nicht. Diesen Ernstfall kann man nicht simulieren. Rettung aus fließenden Gewässern, wie soll man das üben? Das Team hat nun auch das fünfzig Meter lange Seil vorbereitet. Es ist Haupts einzige Sicherung auf dem Hin- und auf dem Rückweg. Wie der ablaufen soll, das hat noch gar keiner überlegt. Erstmal hin zu den Leuten und dann weitersehen. Jetzt koppelt Rettungsassistent Lars Glaube die Leine an den Hüftgurt, den Haupt kräftig festzieht. Alle stehen zusammen. Der Chef erläutert seinen Leuten ihre Aufgaben. Haupt greift sich das wasserdichte Funkgerät und steigt langsam in die Fluten. Unter ihm befindet sich jetzt der Asphalt der Bundesstraße. Er breitet die Arme aus, um sich auszubalancieren. Dann stoppt er kurz, um ein herannahendes Holzstück vorbeizulassen. Am Ufer stehen Lars Glaube und drei Feuerwehrleute am Seil. Sie lassen es durch ihre Handschuhe laufen, jederzeit bereit zuzupacken und Andreas Haupt an Land zu ziehen. Der hat nun den Gartenzaun erreicht. Dort müsste er jedenfalls sein. Von den dutzend Pfählen ragen nur noch zwei aus dem hüfttiefen Wasser. Der Rest ist vom Wasserdruck geknickt. Behutsam tastet sich Haupt Schritt für Schritt vor. Nun will er den umgedrückten Zaun übersteigen. Doch das Sicherungsseil könnte sich in den deformierten Überbleibseln verfangen. Nicht auszudenken, wenn sich auch noch schweres Treibgut auf das Seil werfen würde. Die Leine wäre keine Hilfe mehr und Haupt würde zappeln wie ein Fisch an der Angel. Trotzdem sucht er nach einer begehbaren Lücke im Zaun. Irgendwo muss doch auch ein Gartentor gewesen sein. Plötzlich verliert er den Boden unter den Füßen, er stürzt. Das Wasser ist nicht sehr tief, aber die Strömung mächtig. Der Druck ist einfach zu stark geworden. Die Strömung hat den starken Mann niedergestreckt. Am Ufer stemmt die Sicherungsmannschaft die Hacken ihrer Stiefel in den Boden. Mit aller Kraft ziehen sie am Sicherungsseil. Auch der Rest der Truppe springt ihnen bei. Dazu bedurfte es keines Kommandos. Schaulustige schreien auf. Haupt ist zwar etwas abgetrieben, doch er findet auf allen vieren robbend wieder Halt. Offenbar ging es an der Straßenböschung unter Wasser aufwärts. Glaube gibt wieder etwas Seil nach, so dass Andreas Haupt besser aufstehen kann. Auf der nassen Straße watet dieser am straff gespannten Sicherungsseil zum Ausgangspunkt zurück. „So wird das nichts", schimpft er. „Das Wasser pustet mich weg. Ich bin zu leicht! Und das Seil ist eher gefährlich bei dem Mist, der hier rumschwimmt." Ein Kraftpaket wie Haupt zu leicht? 120 Kilogramm? Wie sollte das gehen? Dann wäre die Rettung der beiden aussichtslos. Wer sollte es sonst durch das Wasser schaffen?

Die Fluten sind erbarmungslos. Der Riss in der Hauswand reißt jetzt den Rachen auf. Das Heim der Schulzes kann nicht mehr. Lautlos taucht ein meterhohes Stück der Außenwand ab. Alles wird vom Rauschen des Wassers übertönt. Die Retter von der Wasserwacht und die Zuschauer, die immer mehr werden, können jetzt ins Erdgeschoss gucken. Es sind keine Schaulustigen, die sich da unter den Regenschirmen zusammendrängen. Jeder würde gern helfen. Aber wie? „Man müsste einen Panzer haben", sagt einer mit Blick auf die Schulzes, die am Fenster im Obergeschoss noch im Trocknen ihres Heims ausharren und die Rettungsversuche beobachten. Ein Panzer. Nichts bleibt unversucht. „Ruf mal durch, ob hier irgendwo ein Panzerfahrzeug ist", ruft Haupt einem Feuerwehrmann mit Funkgerät zu. „Oder ein riesiges Baufahrzeug, ein Asphaltierer oder ein Abraumbagger. Alles andere treibt bei der Strömung hier ab", da ist sich Andreas Haupt sicher. „Ein Abraumbagger …", äfft einer der Zuschauer Haupt nach. Mit einem bösen Blick wird der Zwischenrufer verscheucht. Da tritt Rettungstaucher Klaus Reinhard an seinen Chef heran und weist mit einer kurzen Handbewegung auf das unter den Wassermassen ächzende Haus. Die Fluten knabbern unaufhörlich an dem Loch. Auf der Rückseite des Gebäudes ist jetzt das erste Fenster zerschellt. Das

Wasser rauscht über die Blumenbank wieder ins Freie. Es ist nicht mehr zu erkennen, ob der Fluss ursprünglich vor oder hinter dem Haus vorbeigeplätschert ist. Reinhard weiß, dass keine Zeit mehr ist, auf einen Panzer oder ein tonnenschweres Baufahrzeug zu warten. Die Lebensdauer des sich tapfer wehrenden Hauses ist vermutlich kürzer. Doch Reinhard ist erfahren genug, dass er weiß, dass er das seinem Chef nicht zu sagen braucht. Haupt hat das selbst schon längst erkannt. Der Ruf nach dem Panzer ist nur als Gewissheit zu verstehen, tatsächlich alles Menschenmögliche versucht zu haben.

Die Gesichter sind ernst. Eine schnelle Lösung muss her. Haupt könnte sich an der Leine von der Strömung Richtung Schulzes Haus treiben lassen. Doch dazu müssten die Retter der Wasserwacht zurück zum nächsten Flussknick. Und auf die andere Seite des Flusses. Doch wie drüber kommen? Wo ist noch eine intakte Brücke? Flussabwärts vielleicht in Freital. Doch das ist kilometerweit weg. Flussaufwärts wäre es wohl wahrscheinlicher, mit dem Allrad-Geländefahrzeug irgendwo über den Fluss zu kommen. Doch es gibt keine befahrbaren Straßen mehr. Hier hat das Hochwasser in den letzten Stunden ganze Arbeit geleistet. Und die Hänge sind an dieser Stelle des Tals zu steil, um querfeldein zu fahren, selbst mit einem Geländewagen. „Frag mal, ob sich einer mit dem Helikopter hier runtertraut, dringend, Lebensrettung", ruft Haupt vom rauschenden Wasserrand zum Feuerwehrmann hinüber. Der Chef hat das Drama also amtlich gemacht. Lebensrettung! Spätestens ab jetzt zählt also jede Minute. Lebensrettung! Das war das Codewort auch für die Neuen. Sie haben den Auftrag bekommen, auf der Rettungskarte nach möglichen Koordinaten eines Landeplatzes für Hubschrauber zu suchen. „Müssen wir jetzt nach Rettungspunkten oder nach Geländepunkten suchen?", fragt David Strozniak. Paul Meiche wartet einen Moment mit der Antwort. Klar haben sie das in ihrer Ausbildung erst vor kurzem gelernt. Aber jetzt will er keinen Fehler machen. Rettungspunkte sind nur von Krankenwagen zu erreichen. Die Koordinaten sind in unwegsamem Gelände wichtig für eine grobe Orientierung. Würde dort aber ein Helikopter runtergehen, könnte er an Bäumen abstürzen. Und die Sicht ist ja heute nicht die beste. „Die Landepunkte werden mit einem

H gekennzeichnet", sagt Paul Meiche zu seinem Kumpel. Doch auf der Karte finden sie keine. „Hier ist nichts. Der Pilot muss auf Sicht fliegen. Dazu müsste er sich aber im Weißeritztal auskennen", sagt Meiche. Beide schauen sich stumm an. Wer wird es Haupt sagen? Ihr Chef würde das sicher nur sachlich zur Kenntnis nehmen. Aber es ist der nächste Rückschlag. Strozniak faltet die Landkarte wieder zusammen. Meiche geht zu seinem Chef, die schlechte Nachricht überbringen.

Wie erwartet, reagiert Haupt nur mit einem Okay und sagt, dass sie trotzdem versuchen sollten, einen Helikopter herzubekommen. „Ich müsste schwerer sein, um gegen die Strömung anzukommen", sagt Andreas Haupt zu Klaus Reinhard. Mit seinem Kumpel hat er nicht nur die lustigsten Feiern erlebt, sondern bei zahllosen Tauchgängen schon viele knifflige Aufgaben gelöst. Doch so lebensbedrohlich wie jetzt, war die Lage noch nie. Nicht nur für die beiden Eingeschlossenen, sondern auch für Haupt. Würde die Sicherheitsleine reißen oder Treibgut das Seil womöglich zerschneiden, sich eine Wurzel auf die Leine legen, er würde als Spielball der Fluten auch gegen irgendeine Hauswand geschossen werden oder gegen einen der mannsdicken Bäume, die noch aus dem Wasser ragten und dem Strom trotzten. Oder er würde jämmerlich ersaufen. „Du könntest alle Bleigurte anlegen, die wir dabei haben", sagt Reinhard zu seinem Chef. Der nickt. Schon haben Glaube und die zwei Neuen alles aus dem Auto gezerrt und helfen Haupt beim Anlegen. Unbemerkt von den anderen hat sich auch Reinhard seinen Taucheranzug angezogen und die schweren Gurte angelegt. Haupt signalisiert mit einem kurzen Nicken, dass er verstanden hat. „Ihr könnt es zwar rüber schaffen. Aber wie wollt ihr dann die Leute da rausholen?", fragt Glaube. „Der Helikopter muss her. Aber schnell. Sag das der Zentrale", befiehlt Haupt. Seine Stimme ist merklich angespannt. Doch jeder Handgriff erfolgt ruhig und sicher.

Wie mit einer blutleeren Nabelschnur sind die beiden schwersten Männer jetzt mit dem Rest der Truppe am Ufer verbunden. Sämtliche Bleigurte hängen an ihren Körpern. Sie haben Mühe, sich normal fortzubewegen. Als Strozniak noch mit den Sauerstoffflaschen ankommt, wehrt Reinhard ihn ab. „Das wird zu viel. Das ganze Zeug drückt mich am Ende noch unter Wasser, wenn ich hinfallen sollte." Auch Haupt geht ohne Flaschen auf dem Rücken. Wenn man von gehen sprechen kann. So muss es ausgesehen haben, wenn Ritter in ihrer Rüstung laufen wollten. Sie nähern sich dem Zaun. Haupt geht vor. Er weiß schon, wo man am besten durchkommt. Das Seil halten die Helfer immer etwas unter Spannung. Das macht das Gehen zwar noch schwerer, aber es gibt Sicherheit. An der tiefsten Stelle kommt Haupt kurz ins Wanken, aber er fällt nicht. Sie schleichen sich im Windschatten der Scheunentrümmer in etwas seichterem Wasser näher an das Haus. Hier verlieren die Hausbewohner ihre Retter aus dem Blickfeld. Das dünne Seil zieht immer mehr. Es schwimmt auf den Wellen. Mit jedem zusätzlichen Meter nimmt der Widerstand zu. Die beiden Männer haben das Gefühl, kaum noch vorwärts zu kommen. Sie stehen. Im alten Flusslauf sieht Haupt einen Baumstamm schwimmen. Wenn der jetzt auf das Seil zusteuern würde, schießt es ihm durch den Kopf. Das Haus ist nur noch wenige Meter entfernt. Den größten Teil des Weges haben sie schon hinter sich. Doch die beiden Männer kommen nicht voran. Wie Hunde an der Kette. Da zückt Haupt sein Messer. „Ich schneide mich jetzt ab", schreit er gegen das Rauschen der Fluten zu Reinhard rüber. Der hat Mühe, sich in der Strömung aufrecht zu halten. Es dauert etwas, bis er fast in Zeitlupe auch sein Messer nimmt. „Was machen die denn?", schreit Glaube. „Nein! Tut das nicht!" In die Truppe am Ufer kommt Bewegung. Alle gehen vor an den Wasserrand, als wäre es wichtig, noch näher dran zu sein. Als würden sie nur so diese unglaubliche Situation erkennen können. Im nächsten Moment sausen die Seile den Fluss hinab. Jedenfalls die Enden, an denen eben noch Haupt und Reinhard hingen. Der Baumstamm folgt ihnen. Die Rufer am Ufer verstummen. Alle sind geschockt.

Schritt für Schritt schieben sich die beiden Retter wie Roboter durch das hüfthohe Wasser. Sie haben das Haus erreicht. Doch wie hineinkommen? Am Loch im Haus wäre es zu gefährlich. Jederzeit könnte ein weiteres Stück Mauer herausbrechen. Außerdem müssten sie sich gegen die Strömung dahin vorarbeiten. Sie könnten jederzeit vom Treibgut getroffen werden. Die Schulzes haben von ihrem Fenster aus noch nicht bemerkt, dass Rettung naht. Die Trümmer des Nebengebäudes versperren die Sicht. Die Haustür lässt sich nicht öffnen. Andreas Haupt hämmert mit seinen Fäusten dagegen. Nichts passiert. An der Hausseite, wo das Wasser noch am friedlichsten scheint, schlägt Reinhard mit dem Griff seines Tauchermessers ein Fenster ein. Beide müssen jetzt den Hüftgurt ablegen, um sich über die Fensterbrüstung ins geflutete Erdgeschoss schwingen zu können. „Sie sind drin!", schreit Glaube am Ufer, als hätten es die um ihn Stehenden nicht selbst gesehen. Jubelschreie begleiten ein wirres Regenschirmschwenken.

„Hallo! Wie viele Personen sind hier?", schreit Haupt im Haus Richtung Treppe zum Obergeschoss. Zaghaft schieben sich zwei nackte Füße von den oberen Stufen in Haupts Blickfeld. „Wir sind zu zweit. Und eine Katze", sagt eine gebrechliche Stimme. Dann sieht Haupt zum ersten Mal deutlich, dass er eine alte Frau retten muss. Auf der Treppe ist nur noch ein schmaler Gang frei. Alles ist voller Bücher. Sie wurden eilig ins Trockene geholt. Dem ersten Band von Meyers Lexikon hat das nichts genützt. Die Fundamente der untersten Büchertürme lagen zu tief. Das Wasser steht schon fünf oder sechs Stufen hoch. Haupt watet durch das geflutete Erdgeschoss zur Treppe. „Wo ist die zweite Person?", fragt er. „Hier", knurrt Fritz Schulze aus dem Gästezimmer im Obergeschoss. Dann fährt er Haupt an, ohne ihn zu sehen: „Wie sind sie eigentlich hier reingekommen? Und was soll das Ganze?" Das ist den beiden Rettern zwar schon öfter passiert, dass sie von Verletzten angeblafft oder sogar beschimpft und weggeschickt werden. Manche werden sogar handgreiflich, wenn die Leute vom DRK Erste Hilfe leisten wollen. Doch wie immer sind die Männer auch diesmal von der Schroffheit des alten Schulzes überrascht. „Ihr müsst hier raus. Das Haus kracht gleich ein", sagt Haupt dennoch gefasst und in ruhigem Tonfall. „Nichts kracht hier ein!", erwidert Fritz Schulze. Jetzt steht er am oberen Ende der Treppe und erklärt den beiden „Grünschnäbeln", dass sein Haus noch jedes Hochwasser überlebt hat. Was sie sich einbilden würden, ihm zu sagen, was er in seinem eigenen Haus zu tun und zu lassen hätte. Schulze würde sie anzeigen, wenn sie nicht sofort sein Heim verlassen würden. Und eine Rechnung für das zerschlagene Fenster gebe es obendrein. Reinhard verdreht die Augen. Haupt wird jetzt ernster, aber nicht wütend. „Ihre Scheune ist doch schon ein Schutthaufen. Und im Erdgeschoss klafft ein riesiges Loch. Merken Sie das nicht?", entgegnet Haupt, ohne auf die Vorwürfe einzugehen. Hilde Schulze steigt bis zur letzten trockenen Stufe hinab. Als sie in die Hocke geht und den Kopf ins Erdgeschoss schiebt, kann sie das Loch in der Außenwand und damit ins Freie sehen. „Fritz, das stimmt", ruft sie nach oben. „Und wenn schon", blafft der Alte zurück. „Ohne Minka gehe ich nirgends hin", legt er sich fest und schiebt nach: „Du kannst ja mit den beiden Einbrechern gehen, wenn du willst. Vielleicht tragen sie dich ja auf Händen hier raus!" Haupt wendet sich an Frau Schulze: „Wer ist Minka? Ist hier noch jemand?" „Das ist unsere Katze", antwortet Hilde Schulze. „Ja, geht nur. Und Minka lasst ihr hier verrecken, was?", blafft der Alte. Die Retter schauen sich immer wieder in der Wohnung um. Können aber kein Tier entdecken. „Wer weiß, wo sich die Katze versteckt hat. Wir haben keine Zeit, sie zu suchen", sagt Reinhard zu seinem Chef. „Wo ist die Katze?" Eben sei sie noch da gewesen. Reinhard hilft der Frau oben beim Suchen.

„Wo bleibt der Helikopter?", ruft Andreas Haupt in sein wasserdichtes Funkgerät. Kommt gleich. Prima. Dann ist kein Wort mehr im Funkverkehr zu verstehen. Das dumpfe Grollen der mit Steinen schwanger gehenden Weißeritz ist unter den Füßen spürbar. Die Schwingungen werden immer stärker. Im Wandschrank klirren leise die Gläser. Das muss das Rotorgeräusch des Hubschraubers sein. „Scheiße, was soll das denn!?" Haupt erschrickt fast vor seinen eigenen Worten, als er aus dem Fenster schaut. „Stimmt was nicht?", fragt die inzwischen sehr verängstigte Hilde Schulze. Haupt erklärt ihr, dass das ein Hubschrauber nur für Krankentransporte sei. „Na und? Was stimmt damit nicht?", hakt die Frau nach. „Der hat keine Seilwinde. Der ist für eine Luftrettung nicht vorgesehen", antwortet Haupt. Der Retter hat in den letzten Minuten das Loch im Erdgeschoss nicht aus den Augen gelassen. Ziegel um Ziegel frisst sich das

Wasser satt. „Wir müssen hier raus. Und zwar schnell“, erklärt Haupt. Unter den argwöhnischen Blicken des Hausherrn öffnet der Retter die Luke zum Dachboden. Danach kriecht er durch das Dachfenster auf das Ziegeldach in den Regen. Von dort oben sieht er, wie der Helikopter auf einer kleinen Wiese jenseits der Fluten nahe dem Einsatzfahrzeug der Wasserwacht landet. Über eine schwierige Funkverbindung erklärt ihm der Pilot, dass maximal drei Personen in den Hubschrauber passen und er versuchen wolle, so niedrig wie möglich an das Dach heranzufliegen. Die Leute müssten dann über die Kufen in den Hubschrauber klettern. Haupt zieht die Stirn in Falten. Das hatte er bisher nur in Actionfilmen gesehen. Übungen mit Hubschraubereinsatz, so etwas gibt es bei der Wasserwacht nicht. Jetzt heißt es improvisieren. Haupt überlegt kurz, ob die Winde des Wasserwacht-Nissan eingebaut werden könnte. Die Nachfrage beim Piloten, den Haupt ja vor sich sieht, geht aber nur über drei Ecken. Haupt funkt mit der Zentrale, die mit dem Leitstand der Hubschrauber und die mit dem Piloten. Das Ergebnis ist negativ. Haupt flucht über diese komplizierte Verständigung. Von seinem Hochsitz aus sieht er, wie ein weiterer Baumstamm gegen die Hauswand kracht. „Na dann los!“

Reinhard erklärt den Schulzes die Situation und wie die Evakuierung jetzt vonstatten gehen müsse. Zuerst werde Haupt auf die Kufe des Helikopters klettern und Frau Schulze beim Einsteigen helfen und dann Herrn Schulze. Beim zweiten Anflug würden dann die Retter an Bord klettern. „Ich werde nirgendwo einsteigen“, zischt Fritz Schulze durch seine aufeinander gedrückten Zähne. „Fritz, hör doch mal auf die jungen Männer“, fleht ihn seine Frau an. Haupt und Reinhard ignorieren das Gemaule. Sie winken durch das Dachfenster den Hubschrauber heran. Jetzt können sich die Männer nur noch schreiend verständigen. Die Zuschauer sind skeptisch, ob das der Pilot bei diesem Wetter schafft. Der Wind hat zwar merklich nachgelassen. Auch der Regen ist kaum noch der Rede wert. Aber rund um das Haus stehen hohe Bäume. So präzise, wie es hier erforderlich ist, können nur wenige Piloten einen Helikopter dirigieren. Und das Ganze muss ja zwei oder drei Mal funktionieren.

Nach mehreren Anflügen hat der Pilot den Hubschrauber tatsächlich in eine Standschwebe über dem Dach gebracht. Doch er ist noch viel zu hoch. Haupt ist zwar groß gewachsen, aber an die Kufe des Fluggerätes reicht er noch lange nicht. „Noch einen Meter tiefer", schreit Haupt in sein Funkgerät. Ob der Pilot das am Empfänger hören kann, ist pure Hoffnung. Mit wilden Armbewegungen wird dirigiert. Der Hubschrauber kommt näher. Haupt hockt auf dem Dach auf einem Holzbrett, das für den Schornsteinfeger neben der Dachluke installiert wurde. Mit einer Hand stützt er sich auf dem Dachfirst ab. Der Wind ist enorm, den der Helikopter in sein Gesicht bläst. Durch die Dachluke sieht er, wie sich Hilde Schulze mit ihren Regensachen umhüllt. Jetzt hat Haupt Sichtkontakt zum Piloten. Der signalisiert ihm, dass er jetzt versuchen müsse, in den Hubschrauber zu gelangen. Tiefer könne er nicht gehen, wegen des Schornsteins. Dann setzt das nur wenig schaukelnde Vehikel mit einer Kufe leicht auf dem Dachfirst auf. Haupt kann jetzt in die offene Kabine schauen. Um sich einen Überblick zu verschaffen, klettert Haupt auf die armdicke Metallstange. Die knirscht dabei auf den Ziegeln, als würden diese jeden Moment nachgeben. Der Einstieg war leichter als gedacht. Der Hubschrauber gerät nur leicht ins Schwanken, trotz des stattlichen Gewichts von Haupt. Inzwischen ist auch Klaus Reinhard auf das Dach gekrochen. Er hilft Hilde Schulze, die als erste ausgeflogen werden soll, durch die Dachluke. Haupt greift die Hand der Rentnerin. Vorsichtig schieben sie sich leicht ans Dach gelehnt über das Holzbrett Richtung Hubschrauber. Die Frau greift beherzt nach einem Griff an der offenen Helikoptertür, Haupt sucht den Schwerpunkt der leichten Frau, hebt sie mit einem Schwung an und schon ist Hilde Schulze drin. Am Ufer brandet Jubel auf. Jetzt soll Fritz Schulze einsteigen. Doch er will nicht auf das Dach klettern. „Was ist los?", schreit Haupt in die Dachluke. „Flieg Du jetzt mit. Wir beide nehmen den nächsten Flug", schreit Reinhard zurück, der wieder runter zu dem Alten klettert. Für Streitereien ist keine Zeit. Haupt schwingt sich in den Hubschrauber. Sofort hebt dieser ab.

„Willst du in deinem Haus sterben?", fragt Reinhard den Rentner. „Wer will nicht zu Hause sterben?", fragt Fritz Schulze zurück. Reinhard gibt nicht nach: „Mensch, aber doch nicht hier und heute. Das Haus stürzt gleich ein und da drüben wartet deine Frau auf dich.“ Der alte Schulze will davon nichts wissen, dass sein Haus einstürzen könnte. Das habe schon Hochwasser überstanden, da sei Reinhard noch nicht mal auf der Welt gewesen. „1958 zum Beispiel. Da war hier so viel Wasser in der Weißeritz, dass sogar die Malter-Talsperre übergelaufen ist. Aber das Haus steht immer noch. Das hält jedes Hochwasser aus.“ Reinhard zieht die Augenbrauen zusammen und überlegt sich den nächsten Schritt. Der Hubschrauber schwebt inzwischen wieder in Position. „Hörst du das Gewummer? Wie hört sich das an?“, fragt Klaus Reinhard. „Wie ein Luftangriff“, antwortet Fritz Schulze. „1945 waren die Bomber aber schneller wieder weg.“ Das Hochwasser geht aber noch lange nicht.

Wieder kracht Treibgut gegen die Hauswand und schüttelt weitere Ziegel aus der Mauer. Das Obergeschoss ragt inzwischen wie ein Balkon über die tosenden Wassermassen. „Und was hättest du gemacht, wenn 1945 nicht die Amerikaner mit ihren Bombern gekommen wären, sondern die Russen an die Tür gepocht hätten?“, fragt Reinhard. Fritz Schulze wird jetzt richtig gesprächig: „Mensch, wir sind zum Schluss nur noch gerannt wie die Hasen. Das werde ich nie vergessen“, sagt der greise Mann. Seine glasigen Augen starren für einen kurzen Moment ins Leere. Das ist die Chance des Retters. Jetzt muss er einhaken. Plötzlich ist Reinhard überhaupt nicht mehr ruhig. Er holt den Alten mit militärischem Befehlston zu sich zurück. „Los raus hier! Die Russen stehen vor der Tür! Verstanden!?“ Der Achtzigjährige ist im Vergleich zum muskelbepackten Reinhard eine halbe Portion. Der Große hievt sich schließlich den Zwerg auf den Rücken und kraxelt aufs Dach. Der Hubschrauber ist längst wieder zurück. Der Pilot schaut angestrengt. Für ihn dauert das alles viel zu lange. Normalerweise bringt er nur Ärzte von A nach B. Jetzt hängt er hier in Schieflage auf einem Dach, das jeden Moment einstürzen könnte und wartet darauf, dass ihm jemand gebracht wird, der gar nicht mitfliegen will. Reinhard hat Fritz Schulze immer noch geschultert und kippt ihn schließlich in den Helikopter. Doch er selbst steigt nicht ein.

Vom Erdgeschoss des Hauses fehlt inzwischen schon so viel, dass sich die Deckenbalken unter der Last des auskragenden Obergeschosses biegen. Jetzt bekommt die Außenwand unter Reinhard einen heftig großen Riss. Strozniak und Glaube schreien zu ihm rüber und wedeln heftig mit den Armen. Sie wollen ihrem Kameraden klarmachen, dass er weiter weg vom Dachfenster zum noch intakten Giebel kriechen soll. Stattdessen verschwindet Reinhard noch mal runter ins Haus. Will er sich den Riss etwa von innen ansehen? Flieht er unten aus dem Haus? Wie will er durchs Wasser in Sicherheit kommen, ohne von den Fluten fortgespült zu werden? Den Zuschauern, die Reinhard und seine Einzelgänge kennen, wird angst und bange. Der Pilot verschafft sich auf den Armaturen einen Überblick. Es sieht aus, als würde er rechnen. „Stimmt was nicht?", fragt Fritz Schulze, der inzwischen auf den Sitz neben dem Piloten gekrabbelt ist. „Es wird problematisch, wenn wir noch länger als zehn Minuten brauchen. Dann ist der Sprit alle." „Zehn Minuten reichen", legt Fritz Schulze fest. Reinhard ist noch nicht wieder zu sehen. Die offene Wunde im Haus ist auch nicht größer geworden. Doch die Holzbalken ächzen bedenklich. Jetzt klettert Reinhard wieder aufs Dach. Mit einer Hand hält er sich an der Bordwand fest, mit der anderen greift er nach unten. Zu seinen Füßen sitzt die Katze der Schulzes und ergibt sich ihrem Retter. Reinhard hebt sie behutsam auf und setzt sie in den Hubschrauber. Kaum ist auch er drin, dreht der Pilot ab. Unter den Männern scheint die Weißeritz vor Wut zu schäumen.

Jetzt werden auch Klaus Reinhard und Fritz Schulze auf sicherem Gelände abgesetzt. „Das war Klasse von dir", verabschiedet sich Haupt vom Hubschrauberpiloten. Der versteht zwar nichts bei dem Getöse des Rotors, erwidert aber trotzdem: „Ja, ja, ist schon gut. Mach zu, ich muss zur Tankstelle." Halb gebückt wirft der Chef der Rettungstaucher die Tür zu. Der Helikopter hebt mit Getöse ab. Dann entfernt sich das Motorengeräusch sehr schnell. Reinhard steht umringt von den anderen bei den Schulzes. Liebevoll nimmt Hilde Schulze ihre grau getigerte Katze in den Arm. Dann streicht sie mit ihrer knochigen Hand über Kopf und Ohren ihrer Minka. Die Katze kneift die Augen zusammen und schnurrt. Dann drückt Hilde ihren

Liebling an ihr Gesicht, aus dem die Angst gewichen ist. Sie ist glücklich. Nur Fritz Schulze wirkt wie abwesend. Er steht inmitten der Menschentraube. Doch sein Blick ist starr auf sein Haus gerichtet, das kaum noch zu erkennen ist. Zum einen, weil es langsam dämmert. Aber es ist auch die Silhouette, die gar nicht mehr zu dem alten Haus gehört, in dem gerade noch so viel Leben war. Im Erdgeschoss haben die Fluten die Außenwand jetzt bis zur Haustür weggefressen. Die Geschossdecke biegt sich bis auf die Wellen des braunen Wassers nieder. Darüber klafft das Obergeschoss chaotisch wie ein offener Bruch auseinander. Das Fenster, an dem die beiden Bewohner eben noch das Hochwasser beobachteten, ist rausgebrochen. Der Rahmen hängt wie eine gesenkte Fahne herab. Das Dach ist quasi in der Mitte abgeknickt.

Zentimeter um Zentimeter sinkt die schiefe Hälfte jetzt immer tiefer. „Komm, lass uns gehen“, sagt Hilde, als sie zu ihrem Ehemann hinsieht. „Wohin?“ Fritz schießen all die unvergesslichen Bilder durch den Kopf. Als er beim Einzug vor Aufregung den Hausschlüssel abgebrochen hatte und seine Hilde am Hintereingang über die Schwelle tragen musste. Wie er mit seinem Kumpel Bodo ganz oben auf dem Dachfirst saß und nach getaner Dachdeckerarbeit mit einem Bier angestoßen hatte. Oder als die pubertierende Tochter die Küchentür nach einem Streit so heftig zugeschlagen hatte, dass die Glasscheibe heraussprang und in tausend Scherben fiel. „Wohin sollen wir denn gehen?“, wiederholt der Alte, immer noch den Blick starr aufs geschundene Haus gerichtet. „Wir bauen das wieder auf. Irgendwie wird das schon gehen“, macht ihm seine Frau Mut. Dann hakt sie sich unter und dreht ihn von diesem traurigen Anblick weg. „Und wenn wir auch alles Gesparte aufbringen müssen. Wir bauen das wieder auf“, bleibt Hilde Schulze stur. Die Umstehenden verstummen. Keiner traut sich zu widersprechen. Da bricht der Dachbalken mit einem lauten Krachen durch. Das Haus ist quasi halbiert. „Jetzt kommt ihr erstmal mit zu uns“, sagt Nachbarin Simone. Mit der untergehenden Sonne hat es sich merklich abgekühlt.

Kapitel 4
Freital versinkt

Im Sturzflug zu den Großeltern

Anna feiert tatsächlich in der Dresdner Neustadt. In der Wohngemeinschaft, in der Tommys Freund Konrad mit drei weiteren Studenten lebt, steigt langsam die Stimmung. Sitzplätze, die jedenfalls im Allgemeinen als solche gelten, gibt es schon lange nicht mehr. Zigarettenrauch zieht durchs Treppenhaus. Auf den Stufen sitzen zwei Pärchen und plaudern angeregt. Laute Musik kommt noch aus einer weiteren Wohnung. Selbst im Keller dröhnen Bässe. Das gesamte Wohnhaus scheint zu feiern. Kinder können hier nicht wohnen. Jedenfalls nicht heute. Die Schlafenszeit wird auf den nächsten Vormittag verschoben.

Seit etwa drei Minuten klingelt ein Telefon. Marlene steht in dem kleinen Flur von Konrads Wohngemeinschaft zusammen mit einem Dutzend anderer Partygäste. Lässig lehnt sie neben der Wohnungstür an ein kleines, hüfthohes Regal gelehnt. Hier bewahrt Konrad alle seine Schuhe auf. Meistens riecht man das schon beim Reinkommen in die Wohnung. Heute nicht. Es ist eher eine Mischung aus parfümiertem Zigarettenrauch. Auch Marlene raucht. Als Ascher hält sie ein Senfglas in der Hand. Es muss gerade erst leer geworden sein. An der inneren Glaswand klebt noch etwas vom ursprünglichen Inhalt, der sich nun mit den Kippen und der Zigarettenasche mischt. Noch immer klingelt irgendwo ein Telefon. Der Klingelton kommt Marlene bekannt vor. Oder ist es doch die Musik, die aus dem Nebenraum quillt und sich wie ein Klanglaken über jedes Gespräch legt? Jetzt packt sie die detektivische Lust, die Herkunft dieses monotonen Geräuschs zu orten. Konzentriert versucht sie, wie es in ihrem angetrunkenen Zustand eben geht, die einzelnen Geräusche zu filtern. „Seid doch mal still!“, ruft sie den mit ihr im Flur stehenden Leuten zu. Bisher drehten sie ihr den Rücken zu. Kaum einer reagiert. Und wenn, dann nicht ernsthaft. Eine junge Frau steht bei einer lauten Wohnungsparty allein im Korridor, raucht irgendetwas und ruft: Seid doch mal still. Wer würde da Fürsorge entwickeln?

Der Anrufer ist penetrant. Jetzt sind es schon gefühlte zehn Minuten, dass hier ein Handy klingelt. An der offen stehenden Tür, die gegenüber in die Küche führt, hängt offensichtlich eine Tasche. Warum würde die Tür sonst so weit von der Wand abstehen. Jetzt hat es auch Marlene wahrgenommen, dass die Tür immer wieder etwas von der Wand zurückfedert, wenn jemand beim Vorbeigehen dagegendrückt. Marlene drückt ihre Zigarette in den restlichen Senf, stellt das Glas in den Schuh, der im Regal ganz oben steht, und schiebt sich in Richtung Küchentür durch die plaudernden Menschen. Tatsächlich, hier hängt eine Tasche. Und sie scheint zu klingeln. „Wem gehört die Tasche?", ruft Marlene. An einem langen Schulterriemen hält sie den bunten Beutel mit Hirschmotiv wie eine Trophäe in die Höhe. Jetzt reagieren schon mehrere der jungen Leute. „Ej, dem hier", ruft ein Junge mit kurz geschnittenem Blondschopf und bufft dabei seinem Kumpel in die Seite. Der hat seine Haare schon seit Jahren nicht mehr geschnitten und trägt heute Pferdeschwanz. Eine andere Gruppe lacht. Marlene steht immer noch mit dem klingelnden Beutel hoch über ihrem Kopf am Ende des Flurs. Der Blondschopf scheint mit ihr Mitleid zu haben. „Ich glaube, der Hirschbeutel gehört Anna", sagt er und weist Marlene mit einer schrägen Kopfbewegung eine Richtung zu.

Lächelnd nimmt Anna ihren Beutel entgegen. „Ist ein exklusives Teil, was?", sagt sie zu Marlene. Doch die will nicht mit Anna über Taschenmode sprechen, sondern wissen, wer der hartnäckige Anrufer ist. Anna kramt das Mobiltelefon aus der Tasche. Als sie die Nummer erkennt, zieht sie die Augenbrauen hoch und macht eine Schnute. „Ist nur Stephan", berichtet sie Marlene. Etwas genervt schnauzt sie ein verärgertes „Ja?" in den Apparat. Marlene staunt über den barschen Ton. Stephan ist der Freund, soweit kennen sich die beiden jungen Frauen. Das hartnäckige Klingeln hat aber Marlenes Neugier geweckt. Sie lauscht den Gesprächsfetzen, die sie in dem Partylärm gerade noch so mitbekommt. Es geht offensichtlich um das Hochwasser.

Tommy hat Anna den ganzen Abend nicht aus den Augen verloren. Genau verfolgt er, mit wem sie spricht, mit wem sie lacht und von wem sie sich abwendet. Aufdringlich ist er aber nicht. Ist es tatsächlich seine Fürsorge? Annas Großeltern hatte er ja versprochen, sie wohlbehalten wieder abzuliefern. Wann auch immer. Er sieht, dass Anna intensiv ein Telefongespräch führt. Auch ihn packt die Neugier. Er stellt sich zu Marlene und fragt: „Was ist denn los?“ „Keine Ahnung. Geht irgendwie um das Hochwasser“, erwidert Marlene. Anna hält sich ein Ohr zu, um Stephan am Telefon besser verstehen zu können. Die Party wird zum Nebengeräusch. „Mach doch nicht so eine Panik. Was soll denn schon passieren?“, sagt Anna. „Meine Großeltern sind bei dir doch in guten Händen.“ Stephan ist vermutlich sauer, weil Anna den Ernst der Lage nicht verstehen will. Natürlich soll sie nicht jetzt schon nach Freital zurückkommen. Es ist ja noch nicht mal Mitternacht. Da gehen manche Nachtschwärmer erst los. Aber Anna soll sich nicht darauf verlassen, dass sie irgendwie durch den Plauenschen Grund fahren kann. Die Straße ist überflutet. Anna hört ruhig zu und verpflichtet sich schließlich, alle Anweisungen von Stephan ordnungsgemäß zu befolgen. Beinahe wäre das Gespräch harmonisch verlaufen. Bis sich Stephan dann doch nicht die Frage verkneifen kann, wie lange Anna denn noch bleiben wolle. „Ich bin doch grad erst gekommen. Du sprichst ja schon wie meine Mutter“, giftet Anna ins Telefon. „Ja. Wenn du mir entgegenkommen sollst, rufe ich an.“ Anna beendet das Gespräch mit einem Knopfdruck. Erst jetzt bemerkt sie, dass Marlene und Tommy ihr zugehört haben. „Macht einer Stress?“, fragt Tommy und grient. Anna schüttelt den Kopf und macht eine nachdenkliche Miene. Dann sagt sie: „Das scheint wirklich schlimm zu sein mit dem Hochwasser in Freital. Da sind schon ein paar Straßen überschwemmt“. „Echt? Ist ja cool“, sagt Tommy, „wollen wir hinfahren und uns das ansehen?“ Anna ist irritiert. Warum sollte sie mal eben eine halbe Stunde nach Freital fahren und dann wieder zurück zur Party, um dann wieder nach Freital zu fahren? Sie wollte die Nacht ja nicht im Auto verbringen. Sie will hier bleiben, mit ihren Bekannten von früher über alte Zeiten quatschen. „Sag Bescheid, wenn du gehen willst. Dann fahre ich dich. Das muss ich sehen, mit dem Hochwasser“, sagt Tommy und macht sich in die Spur, neue Getränke zu besorgen. Marlene hakt sie unter und entführt sie in einen Nebenraum. „Ich muss dir unbedingt was erzählen …“

Die Gespräche werden immer oberflächlicher. Die Gesprächspartner immer angetrunkener. Auch Anna hat einiges getrunken. Dabei hatte sie sich doch gar nicht an der Bar bedient. Tommy schleppte andauernd etwas an. Sie hat Mühe, den Gesprächsfaden zu halten. Die Flut ist auch Thema auf der Party. In der Neustadt ist zwar davon direkt nichts zu merken. Aber das irre Video aus Glashütte, das auf fast allen Fernsehkanälen zu sehen ist, hinterlässt Eindruck bei den Jugendlichen, die es schon gesehen haben. Wo Glashütte überhaupt liegt, wissen die wenigsten hier. Da war noch niemand. Aber den Namen der Stadt verbinden sie jetzt mit Chaos. Und zwar mit einem Chaos, das fasziniert, nicht etwa abschreckt. „Da ist ein Auto die Straße langgeschwommen und dann ans Haus gecrasht. Das war cool", sagt einer der Jungs. „Ja, und die braune Suppe ist da nur so gespritzt", setzt ein anderer noch einen drauf. Sie lachen, als würde im Fernsehen mal wieder ein lustiger Actionfilm laufen, über den man gut ablästern kann. Die Situation, die sie verbal nachspielen, ist einfach so weit weg vom normalen Leben, dass es nicht als reales Leben taugt. Wer will sich schon vorstellen, dass sein eigenes Auto von braunen Wassermassen weggeschoben und zerquetscht wird? Und was fühlt man dabei, wenn es einen selber betrifft? Hier fühlt jedenfalls keiner mehr was. Hier hat keiner Angst vor Hochwasser. Die Jungs überschlagen sich mit wilden Flutphantasien. Anna lacht mit. Jedenfalls bis Tommy seinen Gag loslässt: „Ich parke jetzt nur noch am Hang. Das steht fest." Anna wird unsicher. Sollte sie doch lieber gleich nach Freital zurückfahren? Das sieht auch ganz schön verantwortungslos aus, wenn sie Stephan bei ihren Großeltern lässt und selbst Party macht. Sollte die Überschwemmung bis zum Haus der Großeltern kommen, wäre ihr das unangenehm. Aber wie soll sie jetzt dahin fahren? Sie muss sich konzentrieren, um festzustellen, dass sie mit Tommy gekommen ist. Klar, so betrunken ist sie dann doch nicht. Sich von ihm nach Hause bringen lassen, will sie aber eigentlich nicht. Über die Mädchen, die sich von ihm abschleppen lassen, wird immer gespottet. Anna will zwar nichts von Tommy, aber wenn sie sich bringen lässt, würde es bei den anderen so aussehen. Die ersten, bei denen sie ansonsten Richtung Freital mitfahren könnte, gehen doch frühestens gegen Mitternacht. Jetzt ist es höchstens zehn. Da geht doch noch keiner. Mit der

S-Bahn bräuchte sie zwar nur sechs Stationen zu fahren, aber das dauert. Zum einen fährt die nur alle halben Stunden. Und dann muss sie auch noch am Hauptbahnhof umsteigen. Wäre sie doch bloß selbst mit ihrem eigenen Auto gefahren. Das steht in der Seitenstraße bei den Großeltern. Unten im Tal. Sie denkt an ihren Benni. Anna hängt sich ihre Tasche über und holt ihre Jacke.

Nach Tommy muss sie nicht lange suchen. Er ist wie immer in ihrer Nähe. „Und es macht dir nichts aus, mich nach Freital zu fahren?", fragt Anna. Natürlich nicht. Das betrachtet er ja immer als seine Aufgabe bei Partys. Nüchtern bleiben und Frauen nach Hause fahren. Die Jungs ohne Auto sind neidisch. Die Mädchen, die er noch nicht in seinem Sportcoupé mitgenommen hat, auch. Anna weiß um das Image des Zwanzigjährigen. Es erscheint ihr aber als der günstigste Weg, um nach Freital zu gelangen. So schlimm wird's schon nicht werden.

Die Fahrt geht über Coschütz. Tommy kennt sich aus. Er hat in Freital an der Berufsschule gelernt. Die liegt an der Burgker Straße. Nicht sehr weit weg vom Wohnhaus von Annas Großeltern. Dazwischen liegt aber die Weißeritz. Tommy ist sich sicher, dass die Brücke an der Burgker Straße befahrbar ist. Die ist die größte und modernste in der Stadt. Er predigt es so lange, bis sie vor einem Sackgassenschild stehen mit dem Hinweis „Hochwasser". Die Brücke ist zwar befahrbar. Auch wenn das Flussbett randvoll ist. Doch dahinter hat sich offenbar ein riesiger See gebildet. Die Kreuzung an der Dresdner Straße ist geflutet. Aus der Kanalisation blubbert ständig Wasser. Eben hat Tommy noch frohlockt, was er doch für ein guter Fremdenführer wäre. Doch jetzt wird er kleinlaut. Mit seinem tollen Auto fährt er nicht in den See. Wer weiß schon, wie tief der ist. „Lass uns an der Leßkestraße probieren, über den Fluss zu kommen." Tommy muss fast schreien, um die laute Musik aus den dröhnenden Boxen zu übertönen. Dann dreht er um und bullert mit seinem Auto über Nebenstraßen am Fuße des Windberges zur Leßkestraße. Doch auch hier werden sie von einem Hochwasser-Warnschild ausgebremst. Jedenfalls lässt sich Tommy davon ausbremsen. Der Fahrer eines Kleinbusses dagegen versucht es. Das Regenwasser spritzt in alle Richtungen, aber das größere Auto schafft es, ohne liegenzubleiben, durch die tiefe Pfütze, vor der Tommy mit seinem geliebten Auto steht. „Warum fährst du denn nicht?", fragt Anna. „Mein Auto ist tiefer gelegt. Das kann ich nicht riskieren. Aber ich habe noch eine andere Idee", schreit Tommy zurück. Es gibt noch eine Fußgängerbrücke. Tommy wendet. „Willst du da drüberfahren?", fragt Anna. „Mal sehen", erwidert Tommy mit einem vielsagenden Lächeln und lässt Anna in dem Glauben, er würde es versuchen. Er macht auf verwegen. Dabei weiß er genau, dass das unmöglich ist. Die Brücke wäre vielleicht breit genug. Aber sie hat auf einer Seite Treppenstufen. Anna müsste das eigentlich wissen. Sie war schon mal dort, bei Tageslicht. Doch jetzt fehlt ihr etwas die Orientierung. Die Scheiben sind verregnet. Die Bässe wummern. Außerdem ist Tommy mit ihr durch so viele Nebenstraßen geschaukelt, dass ihr schon schlecht ist. Anfahren. Bremsen. Scharfe Kurve. Bremsen. Vorfahrt beachten. Scharf bremsen. „Wo sind wir?" Der Windberg ist jetzt eine schwarze Wand. Davor steht nur das erleuchtete Leßkeheim. Acht Etagen. Auf jeder sind mehr Fenster erleuchtet als dunkel. Das Fernsehprogramm lässt auch spät abends für die Senioren keine Wünsche offen. „Ich fahre bis zum Ende des großen Parkplatzes. Von dort sind es nur ein paar Schritte bis zur Brücke", erklärt Tommy. Das Auto hält in der äußersten Ecke. Tommy macht den Motor aus, schnallt sich ab. Die Musik dröhnt weiter. Schnell greift er zu Annas Gurtverschluss. Doch statt sie abzuschnallen ruft er: „Macht fünf achtzig. Kannst auch in Naturalien zahlen." Dabei zieht er leicht an Annas Gurt. Sie spürt ihn zwischen ihren Brüsten. Sie fühlt sich gefangen. Das ist noch unangenehmer. Sie will sich aber nichts anmerken lassen. „So billig bist du? Da habe ich aber was anderes gehört", erwidert Anna und versucht, an Tommys Hand vorbei an die Gurtsicherung zu kommen. Er lässt sie nach einem zarten Handgemenge gewähren und legt seinen Arm auf ihre Kopfstütze. Er stellt die Musik leiser und sagt: „Wie soll denn der Abend ausklingen? Wir warten mal lieber, bis es aufhört zu regnen. Das macht doch deine schöne Frisur kaputt." Dann streicht er ihr Haar aus ihrem Gesicht. Er dreht die Heizung auf und sagt dabei: „Du hast doch bestimmt kalte Füße. Frauen haben immer kalte Füße." Dann fasst er ihr nacktes Knie an, als würde er die Temperatur prüfen wollen. Anna zieht es weg und fragt mit energischem Tonfall: „Wo ist denn nun diese Fußgängerbrücke?“ „Lass doch die blöde Brücke“, sagt Tommy, „entspann dich, ich bin das Beste, was du heute noch kriegen kannst. Das weißt du auch. Wenn du auf deine innere Stimme hören würdest, ist dir doch klar, dass du dazu genauso bereit bist wie ich.“ Dann fährt er mit einem Finger von ihrer Schulter an den Kragenrand in ihrem Nacken.

Anna ist verwirrt. Aber wütend genug, um schnell nach dem Türriegel zu suchen. Glaubt Tommy tatsächlich, dass sie nur noch ein paar Argumente bräuchte, um sich selbst zu überzeugen? Es im Auto zu machen, sei doch cool. Und nur sie zwei wüssten ja davon. Tommy wird widerlich. Die Sportledersitze seien echt bequem und das Auto bekanntlich ein Raumwunder. Hier sei es so gemütlich, dass er sogar schon mal überlegt habe, hier einzuziehen, witzelt er. Sein Grinsen weicht jetzt einer Miene der Anteilnahme. „Keine Bange, das wird eine ganz saubere Sache. Ich habe dazu alles dabei.“ Was Tommy damit meint, will sich Anna lieber nicht ausmalen. Stattdessen wird sie immer wütender. Auch auf sich. Wie kommt dieser Idiot nur darauf, dass sie sich auf einen Quickie im Auto einlassen würde, dass ihr das irgendwie wichtig sein würde, dass ihr das irgendetwas geben würde? Sieht sie wirklich so bedürftig aus? Endlich hat sie den Türriegel gefunden. Nichts wie raus hier.

Die Schuhe schwimmen weg

Anna schlägt die Beifahrertür hinter sich zu und läuft geradewegs vom Auto weg. Tommy bleibt hinter dem Steuer sitzen. Den Motor lässt er aber nicht an. Sie spürt Tommys Blick auf ihren Hüften. Vielleicht dreht sie sich ja gleich noch mal um, denkt Tommy. Aber was wenn? Winken? Wie peinlich. Nein, Tommy würde aussteigen, auf sie zugehen und hoffen, dass der nur noch sanft rieselnde Regen das Seidenhemd auf seinem trainierten Oberkörper festklebt. Tropfen wie Perlen seine kurzen, glänzenden Locken hinabkullern. Er würde hoffen, dass Anna ihm ein verschämtes Lächeln zuwirft, das ihm sagt: Ja, es war kindisch loszurennen. Ja, ich bin abenteuerlustig. Ja, ich will alles mal ausprobieren. Ja, ich bin scharf auf dich. Ja, es ist mir egal, was nachher ist.

Die Scheinwerfer lassen die blasse Haut von Annas Beinen noch heller erscheinen. Ihr Schatten schaukelt über den geschotterten Fußweg, der vom Parkplatz des Leßkeheims zur Fußgängerbrücke über die Weißeritz führt. Anna sucht die Umgebung ab. Links neben ihr drängen die Fluten die Uferböschung hoch. Schaffen es aber noch nicht ganz, den Gipfel zu erklimmen und die Ländereien dahinter zu erobern. Von rechts wird der Weg noch etwas vom Licht beleuchtet, das zaghaft aus einigen Fenstern des Altenheims herüberweht. Die Pfützen heben sich als dunkle Flecken vom Schotter ab. Sich zu Tommy umdrehen, das will sie auf keinen Fall. Der kauert immer noch hinterm Steuer im Trockenen, vorgebeugt, ganz nah an die Frontscheibe seines Autos, als könne er dann besser hindurchsehen. Die Scheibenwischer sind eingeschaltet. So könnte er von hier aus tatsächlich Annas Blick deuten, falls sie sich noch mal umdreht. Der Abstand zwischen ihr und ihm wird schnell größer. Im Regen lösen sich Annas Konturen langsam auf. Mit jedem Meter Entfernung kommt der nagende Frust Tommy immer näher. Bis er ihm wehtut.

Die Brücke ist noch nicht überflutet. Sie hält sich noch einige handbreit über Wasser. Hier müsste es gehen, rüberzukommen. Zurück zu Tommy ins Auto geht sie jedenfalls nicht mehr. Das ist klar. Weg von ihm geht es aber nur über die Weißeritz. Einen Abzweig vom Promenadenweg gibt es nicht. Doch wie es hinter der Brücke weitergeht, kann Anna von ihrem jetzigen Standort nicht genau erkennen. Da fließt irgendwo Wasser, auch jenseits der Brücke, das ist sicher. Aber wie hoch wird das sein? Vielleicht kann man ja rüberspringen. Vielleicht sind es nur große Pfützen. Anna ist sportlich. Doch es ist dunkel. Alle Laternen sind abgeschaltet. Und sie ist angetrunken. Sie schaut über den Platz an der Panschau. So heißt das große Wohn- und Geschäftsgebäude links vor ihr, das sie passieren muss, um vor an die Dresdner Straße zu kommen. Woher das sechsgeschossige Haus seinen Namen hat, ist nicht genau überliefert. Das muss irgendwas mit Polen oder Russen zu tun haben, hat Annas Opa mal erzählt. Das ist ihr jetzt aber einerlei. Sie verscheucht diese unnützen Gedanken. Sie muss sich konzentrieren, um an ihr Ziel zu kommen. Darf sich nicht von Banalitäten ablenken lassen. Oder von Tommy. In der Ferne kann sie schemenhaft das Dach des Wohnhauses ihrer Großeltern erkennen. Alles ist finster. Trotzdem hebt es sich von der etwas weniger schwarzen Wolkendecke ab. Auf der Dresdner Straße, die täglich Tausende Autofahrer auf dem schnellsten Weg durch die Stadt Freital treibt, ist es finster. Kein einziges Auto ist zu sehen. Das ist merkwürdig. Das gab es doch noch nie. Außerdem ist es beängstigend lichtlos. Die kalte Straßenbeleuchtung fehlt. Die Auslagen der Geschäfte sind schwarze Löcher. Sicherlich ist irgendwo ein Verteilerkasten überschwemmt worden. In einigen Wohnungen ist aber ein Lichtschein zu erkennen. Etwas matt und nur vereinzelt. Jetzt sieht sich Anna doch um. Hinter ihr ist es viel heller. Im Seniorenheim an der Leßkestraße ist fast jedes Fenster erleuchtet. Es sind viel mehr als noch vor ein paar Minuten. Die alten Leutchen sind wohl sehr aufgeregt. Können nicht schlafen. Im Heim funktioniert die Stromversorgung noch. Dann müsste auch das Telefonieren möglich sein. Wenn Anna bei ihren Großeltern anruft, könnte sie Stephan bitten, ihr mit einer Taschenlampe entgegenzukommen. Es ist doch so finster. Dann würde sie es bestimmt auch leichter über die überflutete Straße schaffen. Und eine Taschenlampe hat Opa Fritz bestimmt. Oder brauchen die Großeltern für ihren Festnetzanschluss Strom? Anna erschrickt. Eine Autotür ist weit hinter ihr zugeschlagen. Tommy ist ausgestiegen und läuft ihr entgegen. Er ist noch etwa dreißig Meter von Anna entfernt. Sie tut so, als hätte sie das nicht bemerkt, wendet sich schnell der Fußgängerbrücke zu und läuft los. Nur vorwärts, raus aus dem Licht des Autoscheinwerfers. Die Flucht gelingt. Die letzten Meter auf der Brücke nimmt Anna im Laufschritt. In Sicherheit ist sie damit noch nicht. Ein großes kantiges Etwas steuert auf dem schwarz glänzenden Fluss geradewegs auf die Brücke zu. Aber erstens kann sie in der Dunkelheit kaum etwas erkennen und zweitens schaut sie nicht über das Brückengeländer in die Tiefe, die gar keine mehr ist. Das Hochwasser bringt die Wasseroberfläche bedrohlich nahe. An der Außenseite der Brücke hat sich irgendetwas verfangen. Ein Knäuel aus Maschendraht, gebrochenen Brettern und Gestrüpp lugt durch drei Streben des Geländers quer auf die Brücke. Wie weit, das kann Anna in der Dunkelheit nicht erkennen. Als sie an dem Schatten vorbeiläuft, macht sie einen weiten Luftsprung. Der Sprung ist höher, als er sein müsste. Doch die Ausmaße des Hindernisses kann sie in der Dunkelheit nicht genau orten. Dann ist Anna auf der anderen Seite der Brücke angekommen. Kurz darauf kracht ein Baucontainer, den die Wassermassen polternd das Ufer entlang treiben, gegen das Widerlager der schmalen Brücke. Die Wucht ist so stark, dass es den Steg anhebt und ihn dröhnend wieder aufsetzt. Anna ist instinktiv von der Brückentreppe gesprungen. In zwei Sätzen, drei Stufen auf einmal. Der Handlauf gibt die Richtung vor. Weg von dem beängstigenden Geräusch. Jetzt steht sie mit ihren neuen Schuhen knietief im Wasser, mit ihrer linken Hand umklammert sie fest das Geländer. Sie steigt wieder zwei Stufen hinauf, rückwärts, das seichte Wasser vor ihr nicht aus den Augen lassend.

Die Weißeritz macht hier einen Knick. Jedenfalls, wenn sie friedlich ist. Heute hat sie andere Ambitionen. Das schlammige Wasser hat auf dieser Seite die Böschung erklommen und gluckst hinunter auf den kleinen Platz, der begrenzt wird vom Fluss, der Dresdner Straße und seitlich von zwei hohen Wohnblocks. Das aus der Spur geratene Wasser umrundet die Pflanzkästen aus Beton und strebt der etwas tiefer liegenden Dresdner Straße zu. Anna glaubt, eine flache Stelle entdeckt zu haben. Aus der Insel ragen eine Laterne hervor, zwei junge Erlen und ein Müllplatz. Die Tonnen sind in Betonquadern verstaut. Das Ensemble wirkt wie die Gefängnisinsel Alcatraz, eine Festung umtost vom Meer. Entschlossen zieht Anna den Henkel ihres Hirschbeutels auf der Schulter fest und läuft los. Die leichte Strömung lenkt ihre Schritte vorwärts. Es wird tatsächlich flacher. Raue Platten aus Beton unter den Sohlen geben Sicherheit. Das Wasser ist schwarz und kalt, unangenehm kalt. Dabei ist doch Sommer. Zwischen Fuß und Schuh bildet sich schnell ein schmieriger Film. Anna hat das Gefühl, in ihren Schuhen auszurutschen. Es sind nur winzige Millimeter Bewegung, dann werden die schmalen roten Riemchen zu Halteseilen, die den Fuß an die Sohle ketten. Die presst sich fest an den

Boden. Anna ist nicht besonders schwer. Höchstens sechzig Kilogramm. Aber es reicht, um genügend Reibung herzustellen, um nicht wegzurutschen.

Anna steht immer noch im Wasser. Aber es ist nicht mehr so tief. Die Strömung lässt rund um den Müllplatz auch nach. Anna könnte zwar in die Blumenrabatten hochsteigen, doch dort ist es auch nicht besser. Der Regen hat die Erde in Schlamm verwandelt. Die Büsche biegen sich. Das satte Grün ist in der Dunkelheit ein tiefes Schwarz. In die weiche Blumenerde würde Anna mit ihren neuen Schuhen nicht treten. Dass das Wasser, das jetzt aus dem Flussbett quillt, auch nur verdünnte Blumenerde ist, kann sie nicht erkennen. Der leichte Regen ist warm. Jedenfalls nicht kalt. Anna spürt ihn im Gesicht. Luft, Regen und Hochwasser haben fast die gleiche Temperatur. Der Blazer hält Anna am Körper noch trocken. Der Saum ihres knapp knielangen Sommerkleides ist beim Sprung ins seichte Wasser vorhin etwas feucht geworden. Das merkt sie aber jetzt erst. Die nassen Füße sind halb so wild. Es ist Hochsommer. Anna zieht die Schuhe trotzdem aus. Das Wasser bekommt dem Leder nicht. Die schmalen Riemchen würden bestimmt kaputt gehen, sich von der Sohle lösen.

Überall ist Wasser. Schwarzes Wasser. Die Dunkelheit lässt keinen Schimmer zu. Schlagartig wurde es finster, als die Straßenlaternen erloschen sind. Offensichtlich wurden die Fluten unkalkulierbar. Der Notdienst der Stadtwerke Freital hat die Entwicklung seit Stunden beobachtet. Am liebsten hätten die Stromexperten Pegel an jedem Laternenpfahl, um den Zeitpunkt bestimmen zu können, wann die Fluten so hoch stehen, dass Wasser hinter die Anschlussklappen fließt. Auf Wunsch der Feuerwehr haben die Elektriker die Straßenbeleuchtung so lange wie möglich am Netz gelassen. Dann ist Schluss. Es wurde einfach zu heikel. Immer dramatischer wurden die Berichte, die Kollegen von draußen liefern. Zuerst hat die Zentrale die Stadtteile Coßmannsdorf und Hainsberg vom Netz genommen. Jetzt sind also die Abschnitte flussabwärts in Deuben und in Potschappel dran. Bevor es zu einem Kurzschluss kommt, mussten die Experten handeln.

Anna steht jetzt mitten auf dem Platz vor der Panschau. Zwischen den Betonquadern ist sie auf jeden Fall sicher. Über ihre Füße plätschert nicht mehr das schwarze Wasser. Orientierung geben nur die schwachen Lichter in einigen Wohnungen. Es sind Kerzen oder Taschenlampen. Links in dem Haus müsste der Friseur unten im Erdgeschoss sein. Rechts in der Wohnzeile ist ein Musikladen. Darüber sind vier Balkons, oben das Satteldach. Anna schaut aus ihrer Festung über den quadratischen Platz. Die Fassaden sind finstere Kulissen. Etwa zwanzig, dreißig Meter vor ihr müsste die Dresdner Straße sein. Nur noch dort drüber, dann ist sie bei Stephan und den Großeltern. Trocken und warm wird es dort sein. Das Wasser hat zwar knapp zwanzig Grad, aber mittlerweile fühlt es sich kalt an. Außerdem treibt es Anna heftig nach rechts, als sie sich Richtung Straße aufmacht. Doch dort ist es viel tiefer. Anna muss die Füße hoch aus dem Wasser heben, um gegen die nun wieder anschwellende Strömung anzukommen und im halbwegs erträglichen Bereich zu bleiben. Sie steuert nun doch auf die breite, etwa einen halben Meter hohe Betoneinfassung der Blumenrabatte zu. Dort ist sie schon oft balanciert, wenn sie in glücklichen Zeiten übermütig geworden ist. Und jedes Mal endete es genauso: „Hilfe! Eine Prinzessin braucht einen Edelmann!", rief Anna dann und breitete ihre Arme aus. Daraufhin hatte Stephan seinen Auftritt, machte ein paar Hopserschritte, die Arme in Vorhalte, als würde er die Zügel eines Pferdes halten. Dann baute er sich vor seiner auf dem Betonrand stehenden Freundin auf und sprach seinen immer gleichen Text: „Du Holde, dein Ritter naht." Dann schaute er zu ihr hoch. Anna stützte ihre Hände auf seine sportlichen, aber doch schmalen Schultern. Er packte sie an der Taille und schwang sie sanft absetzend auf den Boden.

Jetzt steht Anna wieder auf dem Betonstreifen. Der regennasse Stein ist zwar weder trocken noch ist es hier weniger kalt als im schwarzen Wasser, durch das sie gerade gewankt ist. Aber Anna hat jetzt ein sicheres Gefühl beim Gehen, beim Balancieren. Mit der linken Hand hält sie etwas verkrampft ihre Tasche fest. Die rechte ist weit vom

Körper gestreckt. Das gibt Sicherheit. An der Hand baumeln ihre neuen Schuhe. Der Beton ist rau. Unangenehm ist er unter Annas nackten Füßen aber nicht. Vorsichtig tastet sie sich Schritt für Schritt vor Richtung Hauptstraße. Sie hat jetzt endlich wieder ihre Bewegungen unter Kontrolle. Das machte ihr zuletzt schon etwas Angst. Doch kein einziges Mal hat sie sich umgedreht. Warum auch, der Weg zurück aufs andere Ufer der Weißeritz ist längst weiter als der vorwärts zu Oma und Opa. Der Beton endet mit einer Kante. Das kann sie am scharfen Schnitt der Grautöne erkennen. Anna versucht, von ihrer erhöhten Position aus nach einem geeigneten Weg Ausschau zu halten. Überall unter ihr fließt schwarzes Wasser. Nur an sehr wenigen Stellen glänzen die Wogen. Jetzt dreht sich Anna das erste Mal um, seit sie von Tommy und der Brücke weg ist. Sie staunt. Um sie herum ist zwar alles dunkel. Doch das Altenheim an der Leßkestraße auf der anderen Uferseite hinter ihr ist immer noch erleuchtet. Möglicherweise gibt es dort ein hauseigenes Aggregat. Das Licht schafft es aber nicht aus den Fenstern heraus bis zu Anna, um irgendetwas erkennbar zu machen. Nun steht sie da an der Kante, wie die Galionsfigur der Blumenrabatte. In einer Hand hält sie noch immer ihre roten Riemchenschuhe. Jetzt wünscht sie sich wieder einen Prinzen her, der auf einem weißen Pferd angeritten kommt und sie über die geflutete Straße bringt. Doch diesmal kann ihr Stephan nicht ihre Wünsche von den Augen ablesen. Er ist nicht da. Liegt wahrscheinlich schon im Bett und schläft. Niedergestreckt von Oma Hildes Fürsorge, eingewickelt in Schals und schweren Decken. Aber auch wenn Stephan hier wäre, könnte er in ihren Augen vermutlich nicht lesen, weil man so gut wie nichts sieht. Dabei wäre es für Anna wirklich bequem, sich von ihrer jetzigen Höhe aus auf den weißen Pferderücken zu schwingen. So sehr sie sich auch einen Prinzen wünscht, sie wird nicht nach ihm rufen. Daran gibt es keinen Zweifel: Niemand wird kommen. Nun kramt sie aus ihrer Handtasche ihr Handy hervor. Vielleicht hilft ja moderne Technik. Sie drückt irgendeinen Knopf. Das Display leuchtet auf. Es ist erstaunlich hell. Das hatte sie so noch nicht erlebt. Noch bevor sie Stephans Nummer aufruft, dreht sie das handliche Gerät zum Wasser hin und benutzt das Telefon, als wäre es eine Taschenlampe. Das Wasser unter ihr glänzt schwarz. Sie hockt sich hin, hält das Display noch tiefer und leuchtet die Wasseroberfläche an. Fasziniert schaut sie dem kaltblauen Schimmer des Telefonlichtes nach. An der Ecke des Betonsockels, auf dem sie steht, drückt die Strömung eine Welle in den schwarzen Glanz. Dann ist es alles schlagartig dunkel. Komplett dunkel. Noch schwärzer als vorher. Keine Konturen mehr. Das Display hat sich abgeschaltet. Für Bruchteile eines Momentes stürzt Anna in ein endloses schwarzes Loch. Doch bevor sie tatsächlich fällt, stützt sie sich schnell mit der linken Hand ab. Dann kommt ihr Augenlicht zurück. Haben sich ihre Pupillen wieder mit der Nacht und deren grauen Konturen arrangiert.

„Anna müsste doch längst da sein", herrscht Stephan die Großeltern an, als könnten sie die Rückkehr seiner Freundin beschleunigen. Das alte Ehepaar sitzt auf dem Sofa. Wie immer. Er legt den Kopf schief und zieht die Augenbrauen zusammen. Ob der Großvater nach einer Antwort sucht, ist wieder mal nicht klar. Sagen würde er es sowieso nicht. Oder ist er nur wütend, weil Stephan, dieser Lagerarbeiter, der es zu nichts gebracht hat und seiner Meinung auch nie bringen wird, seiner kleinen Anna den Hof machen darf? Die Oma sitzt nur da und lächelt milde. „Noch Tee?" Stefan braucht keinen Tee. Er braucht Hilfe. Er braucht Antworten. Er braucht Anna. Er wartet.

Im Fernsehen kommen keine Nachrichten mehr. Nur noch Filme. Die Großeltern haben sich schlafen gelegt. Endlich klingelt Stephans Telefon. „Hallo?" Die Stimme ist ihm vertraut. „Stephan, du musst mich hier rausholen." „Wo raus?" Stephan versteht nicht recht. Er versteht, dass es Anna ist, die ihn auf seinem Mobiltelefon angerufen hat. Sie hat zwar nicht ihren Namen gesagt, aber er weiß es, ohne sich vergewissern zu müssen oder ihre Nummer zu sehen. „Ich stehe hier drüben mitten im Wasser", sagt Anna mit einer Ängstlichkeit in der Stimme, die er bisher nur selten von ihr gehört hat. Höchstens mal, wenn sie bei ihren Eltern waren und Anna dort wie so oft Kind gespielt hat. „Es ist so dunkel, und überall ist Wasser." „Wo bist du?", fragt Stephan energisch. „Hier drüben am Musikladen auf dem Platz. Die Weißeritz ist übergelaufen. Und alle Laternen sind aus." Stephan sitzt immer noch im Sessel vor dem Fernseher. Genauso wie schon vor Stunden, als Anna das Haus ihrer Großeltern verlassen hatte. Stephan steht auf. Mit einem Blick durch die Fensterscheibe ins Dunkel sagt er in sein Handy: „Ich komme dir entgegen. Ich suche nur noch schnell eine Taschenlampe. Weißt du, wo deine Großeltern eine haben könnten?“ „Das weiß ich doch nicht. Komm einfach“, antwortet Anna ungeduldig. Sie beenden die Verbindung.

Stephan sucht in der Küche. Er öffnet und schließt jede Schublade und jede einzelne Schranktür. Das Klappen der Schranktüren hat Oma Uschi offensichtlich aus dem Schlafzimmer gelockt. „Suchst du was, Junge?“ „Eine Taschenlampe. Anna hängt irgendwo an der Weißeritz fest und alles ist dunkel“, sagt sie. „Ich will ihr entgegengehen.“ „Soll ich Kurt holen?“ „Nein, nein, ich mach das schon. Aber habt ihr nun eine Taschenlampe?“ „Im Keller könnte eine sein. Aber ich weiß nicht wo. Da kenne ich mich nicht aus. Das ist das Reich von Kurt. Soll ich ihn wecken?“ „Nein, ich geh jetzt ohne Lampe. Ist schon okay.“ Dann schlüpft Stephan in seine leichten Sportschuhe, lässt sich von Oma Uschi einen Hausschlüssel geben und eilt die Treppe hinunter, hinaus in die dunkle Nacht.

Wo ist der Musikladen?

Es müsste in etwa Mitternacht sein. Nicht ein einziges Mal hat Stephan geniest oder gehustet, seit Anna angerufen hat. Ist es die Aufregung, dass Anna etwas Schlimmes passieren könnte, oder gar männlicher Beschützerinstinkt, dass er jetzt funktioniert, als wäre er gesund? Doch Stephan interessiert etwas ganz anderes. Wo war eigentlich der Laden von diesem Musikmenschen? Stephan hat bisher nur in einem einzigen Geschäft in Freital nach gescheiten CDs gestöbert. Das war gleich hier an der Hauptstraße. Das wird schon der bewusste Musikladen sein, an dem Anna steht, denkt sich Stephan. Sonst würde sie wohl auch nicht von „hier drüben“ gesprochen haben. Er rennt auf die Straße. Alles ist dunkel. Jedenfalls vor ihm. Nur von der Feuerwache links und den noch weiter dahinter liegenden Gebäuden des Glaswerkes wehen noch ein paar Lichtwolken auf die Straße, können sie aber nicht erhellen. Die Konturen zwischen Fahrbahn, Gehweg und Hauswand verschwimmen. Der Himmel zeigt sich aber endlich mal gnädig. Es hört auf zu regnen. Sogar die Mondsichel ist hinter grauen Schleierwolken zu erkennen. Zur groben Orientierung reicht das Licht allemal. Stephan läuft zügig Richtung Hauptstraße. Da spritzt um ihn herum eine Wasserfontäne auf. Stephan steht knöcheltief im Wasser. Hatte es nicht rechtzeitig bemerkt, um seinen Schritt zu verlangsamen. Das Hochwasser ist also schon hier angekommen. Zwei Gebäude vor der Haustür der Schulzes. Doch die Flut scheint hier in friedlicher Absicht gekommen zu sein. Das Wasser steht in der Seitenstraße wie ein ruhiger kleiner Teich, bereit ein Papierschiffchen aufzunehmen, das einen kleinen Schubs bräuchte, um auszulaufen. Nur eine trockene Insel gibt es nicht. Stephan hebt die Füße jetzt beim Gehen etwas höher. Es hindert ihn aber kaum am Schnellgehen. Er läuft ganz dicht am Zaun und an der Hauswand entlang. Hier ist das Wasser höchstens ein paar Zentimeter hoch. Im Nu ist er an der Ecke zur Dresdner Straße. Er muss nur noch über die hier etwa fünfzehn Meter breite Straße. Mit Fußwegen ist die Straßenschlucht zwischen den Wohnblocks etwas breiter. Stephan muss hier rüber. Doch er stoppt. Die Füße gehorchen ihm nicht mehr. Will er nach vorne, drückt jetzt die Strömung seinen durchs Wasser schlurfenden Fuß zur Seite. Das Wasser ist vielleicht knietief. Aber es macht mächtig Druck. Druck auf alles, was sich ihm in den Weg stellt. Jetzt sondiert er erst mal, wo er hin muss. Dort drüben ist der Platz, an dem das Musikgeschäft sein müsste. Doch das Haus ist dunkel. Die Auslagen sind eigentlich immer beleuchtet. Auch nachts. Jetzt ist dort nichts. Überall ist nichts. Jedenfalls nichts, was man genau identifizieren könnte. Erst oben am Leßkeheim ist wieder Licht. Davor ist nur ein schwarzer Korridor zwischen zwei sechsgeschossigen Wohnzeilen, die sich schemenhaft unter dem lichter werdenden Himmel abzeichnen. Wenn Anna auf ihn wartet, dann müsste sie eigentlich dort drüben stehen. Aber man kann nichts erkennen. Oder hat sich dort gerade etwas bewegt? Stephan schaut etwas nach links, schaut nach rechts und dann wieder nach links, als würde er sich vergewissern wollen, dass alles frei ist, kein Verkehr ihn von seinem Vorhaben abhalten kann, die Straße zu überqueren. Doch diesmal strömen keine Autos vorbei. Auf der Straße herrscht jetzt jede Menge Schiffsverkehr. Unbeleuchtete Mini-Floße überholen rotierende Tonnen. Aus dem fließenden Wasser ragen schwarze, führerlose Dreiecke, Zylinder, Stäbe und zerknitterte Wracks. Was ist das, was hier die Straße entlanggetrieben wird? Wo kommt das alles her? Und warum macht das solche Geräusche? Als würde jemand von unten an den Asphalt klopfen. Der laut meckert, dass es bei ihm durchregnet. Es klingt wie zahllose Crashs, die die schwimmenden Vehikel anrichten. Wenn sie gegen eine Straßenlaterne krachen oder von nachfolgenden U-Booten gegen die Bordsteinkante gedrückt werden. Es gibt keine hohen, klaren Töne, wie sie beim Plätschern oder beim Tropfen entstehen. Es zischt auch nichts. Alles ist gedämpft.

Die Welle

Das Wasser wälzt sich in Moll die Dresdner Straße herunter. Hier an der Panschau hat es bereits die halbe Stadt Freital passiert. Am oberen Ortseingang, in Hainsberg, dort wo sich Rote und Wilde Weißeritz vereinigen, dort sind die Flüsse aus ihrem Bett gesprungen. Wie zwei junge Wildpferde, die erst bocken und dann kraftvoll emporsteigen, um sich gegenseitig ihre Stärke zu beweisen. Nichts und niemand kann sie jetzt bändigen. Erst wenn sie sich ausgetobt haben, kann man sich ihnen wieder vorsichtig nähern und sie in ihr Geschirr zwingen. Daran ist noch lange nicht zu denken. Jetzt gewinnt die Rote Weißeritz klar die Oberhand. Eine Flutwelle schiebt sich über die Front und gibt dem Fluss einen neuen Verlauf. Geradeaus, einfach geradeaus und durch, das ist die Devise. Die Gefallenen dieses Wasserkampfes treiben den alten Flusslauf entlang. Die radikalen Fluten haben die Straße erobert. Fegen alles weg, was sich ihnen in den Weg stellt. Wer hat die Rote Weißeritz nur so viel stärker werden lassen? Am Oberlauf soll die Talsperre Malter übergelaufen sein. Oder ist sie gar gebrochen? Schlimmer könnte es wohl nicht sein, als zu diesem Zeitpunkt auf der Dresdner Straße in Hainsberg. Das Brückengeländer ist bereits zerfetzt. Wie es dem Brückenkörper geht, ist nicht mehr erkennbar. Die Bewohner des Hauses, das jetzt wie ein Schiffsbug in die Fluten sticht, sind rechtzeitig in Sicherheit gebracht worden.

Solange es hell war, versuchten die Menschen erst mal, ihr Hab und Gut in Sicherheit zu bringen. Was viel zu oft misslang. Im Autohaus gleich neben der Brücke stehen die Autodächer in Reih und Glied. Der Rest ist versunken. In aller Eile wurden vom Außengelände noch die Autos weggefahren, die angesprungen sind. Zum Schluss stand das Wasser zu hoch. Gerettet sind die Schnäppchen. Die Luxuskarossen hinter den hohen Glasscheiben sind verloren. Alles ging viel zu schnell. Vom Ausnahmezustand hat der Chef erfahren, als es schon viel zu spät war. Vielleicht stürzt sogar noch das Dach der Stahlkonstruktion auf die wimmernden Autos. Fast alle Schaufensterscheiben sind schon geborsten. Jetzt rütteln die Fluten an den Stahlträgern. Auf den Nachbargrundstücken nehmen sie alle Mülltonnen mit, egal ob voll oder leer. In den Höfen greifen die Wassermassen in der Dunkelheit nach Gartenstühlen, Blumenkästen und Kinderspielzeug. Vor einer Garage klatschen die Fluten gegen hastig aufgeschichtete Sandsäcke. Die Welle rollt. Mit Leichtigkeit. Die Straße hat das gleiche Gefälle wie der Fluss, der nur von einem schmalen Stück Land von der parallel verlaufenden Fahrbahn getrennt ist. Am blauen Haus wird es dramatisch. Das Mehrfamilienhaus mit Arztpraxis ist gerade erst saniert worden. Der himmelblaue Anstrich strahlt sogar jetzt in der Nacht. Auf der Geraden davor kann das Wasser noch mal richtig Schwung holen, um schließlich alle aufgesammelten Innereien mit äußerster Gewalt gegen die Hauswand und die Böschung zu schleudern. Spätestens hier, an dieser Stelle Freitals verliert die Weißeritz endgültig ihre Unschuld. Das Haus ächzt noch einmal, das Fundament bricht. Dann stürzen im Inneren alle Schränke um, Medizinfläschchen rollen in eine Richtung den Fußboden entlang. Windschief wie ein Baum an der Steilküste hängt das tonnenschwere Massivhaus auf der Rutschbahn ins Flussbett. Der Gnadenstoß bleibt aus. Halbtot ist genug. Die Welle zieht weiter. Weiter nach Deuben, wo ein junges Paar im Flachwasser aufeinander wartet. Davon überzeugt, dass es keinen ernsthaften Trennungsgrund gibt. Dort muss sich das Hochwasser offensichtlich noch den nötigen Respekt verschaffen. Dazu schwärmt die Welle zuvor noch mal aus. Nutzt die Weite am Busbahnhof und auf dem Neumarkt, um neuen Schwung zu holen. Dabei holt sie sich, was sie kriegen kann. Müllbehälter aus

Plastik, aus Metall und aus Beton. Herausgerissene Parkbänke, Absperrgitter, Fahrräder und Pflastersteine in allen gängigen Größen. Wie ein Skifahrer, der locker über das Flachstück der Piste wedelt, zieht die Weißeritzflut ihre Bahn durch Freital und bereitet sich auf die Schussfahrt vor, an deren Ende Anna und Stephan ängstlich verharren. Hier auf dem Asphalt der Dresdner Straße hat es die Flut leicht. Und nach dem Neumarkt ist das Gefälle des glatten Untergrunds sogar doppelt so groß wie im nahen Flussbett. Die Wasserkraft ist frei. Wie in einem Trichter läuft die Welle wieder zusammen. Plötzlich steigt hier der Wasserstand auf fast zwei Meter. Und dann geht es hinab, mit Höchstgeschwindigkeit, geradewegs auf den Platz an der Panschau zu. Doch es ist stockdunkel. Niemand kann die Welle sehen, bevor sie einschlägt.

Warum kommt er nicht?

Das wird nichts. Das ist Stephan klar. Wie soll ich hier über die Straße kommen? Und am Ende steht Anna gar nicht dort drüben und wartet sehnsüchtig auf mich. Sondern sie ist gar nicht mehr aus Dresden rausgekommen. Dort fließt ja auch die Weißeritz, bis sie in die Elbe plumpst. Und einen Musikladen gibt es dort bestimmt. Nein, Anna hat am Telefon gesagt, sie ist „hier drüben“. Das kann nur in Freital sein.

Stephan kneift die Augen etwas zusammen und versucht, die andere Straßenseite auszukundschaften. In der Dunkelheit verschwimmen die Grautöne mit dem Schwarz der Nacht. Jetzt ist ihm, als hätte sich etwas bewegt. Reflexartig ruft er Annas Namen. Erst laut, dann lauter. Schließlich aus Leibeskräften.

Endlich. Anna kommt es so vor, als stünde sie schon Stunden auf dem erhöhten Beton. Endlich ist Stephan da. Sie kann ihn sehen. Nicht genau. Sie kann eine Person sehen, die sich vor der hellen Hauswand auf der gegenüberliegenden Straßenseite abzeichnet. Aber sie hat seine Stimme erkannt. Das ist Stephan. Ohne weißes Pferd zwar, aber Anna ist jetzt nicht mehr allein in der Dunkelheit. Sie hat wieder eine

Verbindung. Das Handy hat nämlich seinen Dienst versagt. Das Funknetz ist zusammengebrochen. Entweder telefonieren zu viele Menschen oder die Sende- und Verteilerstationen haben keine Stromversorgung mehr, sind irgendwo überflutet. Links und rechts des Flusses ist längst alles abgeschaltet. Links und rechts der Straße finden die Fluten vielleicht noch arglose Opfer. Anna ruft zurück. „Hier." Erst laut, dann lauter. Sie winkt, als könne Stephan durch die Nacht blicken. Er sieht die gleichförmige Bewegung ihrer Arme nur schemenhaft. Aber eine Verbindung besteht. Wenn auch eine schlechte.

„Ich hole Hilfe. Hier schaffen wir es nicht alleine rüber. Die Strömung ist zu stark", ruft Stephan über die an allen Ecken und Kanten plätschernden Fluten. Anna versteht nicht. Sie will jetzt abgeholt werden. Hier und jetzt. Es reicht ja wohl. Ihre Jacke ist an den Schultern nun doch durchgeweicht. Das ist unangenehm, auch wenn der Regen endlich aufgehört hat. Ihre Füße frieren und stehen nackt auf Beton. Ihre Hände sind kalt und krallen sich steif um ihre neuen Riemchenschuhe. Auch ihre Schminke ist bestimmt schon verlaufen. Und das dünne Kleid? Der Saum fühlt sich an den Knien wieder leichter an. Als würde er langsam trockener werden. Warum kommt Stephan nicht? Ich habe ihn doch gerufen. Ist der zu feige, hier rüberzukommen? „Steeeephan!" Der winkt nur. Ist der blöd? Der soll endlich kommen. Einmal rufe ich noch, dann gehe ich los. „Steeeephan!"

Die Feuerwehr ist machtlos

„Warte. Ich hole Hilfe. Die Strömung ist zu stark. Wir brauchen etwas, woran wir uns festhalten können", ruft Stephan, ohne sicher sein zu können, dass Anna ihn verstehen kann. Also genau verstehen kann. Stephan schiebt sich probehalber noch mal ein Stück tiefer ins Wasser, das immer lauter an jedes Hindernis klatscht. Er breitet die Arme so weit wie möglich aus, um das Gleichgewicht zu halten. Doch es gelingt nicht. Das Standbein will nicht fest stehen bleiben. Es beginnt zu gleiten, wie auf Eis oder Schmiere. Nur mit Mühe gelingt es ihm, sich wieder aus der Strömung zu drehen und hinter der Hausecke in ruhigere Gewässer zu gelangen. Es hilft nichts. Stephan muss um Hilfe bitten. Er weiß auch schon wo. Die Feuerwehr ist doch gleich ein paar Häuser weiter. Stephan geht zum Laufschritt über, obwohl er immer noch im Wasser steht. So muss es sich anfühlen, wenn man im seichten Wasser am Strand läuft. Nur dass das Wasser hier alles andere als klar und durchsichtig ist. Selbst wenn man was sehen könnte, wäre die Brühe undurchsichtig. Auf dem gefluteten Fußweg ist aber kein Hindernis zu erwarten. Der Weg ist hier auch relativ gut zu erkennen, denn das Feuerwehrgebäude ist erleuchtet. Das Licht schwebt schwach durch die Seitenstraße. Auch ein Brummen ist aus Richtung der Feuerwehr zu hören. Das muss vom Notstromaggregat kommen. An der Haustür von Annas Großeltern läuft er vorbei, ohne hoch zu schauen. Seine Gedanken sind nur bei Anna. Sie will er aus ihrer misslichen Lage befreien. Dazu braucht er jetzt ein weißes Pferd. Oder eine rote Feuerwehr. Die müsste doch stark genug sein, um durch das lächerlich flache Wasser über die Straße zu fahren und Anna abzuholen. Stephan würde dann auf dem Trittbrett außen an der Beifahrertür stehen, den Wind im Gesicht Anna zurufen: „Halte aus, ich komme. Nur noch einen Augenblick, dann kommt dein Retter, dein Beschützer, der Mann deiner Träume." Doch dieser Film reißt abrupt, als er in die offene Fahrzeughalle tritt. Hier steht nicht ein einziges Auto. Der Fußboden ist nass, als hätte jemand vorm Wischen den Eimer ausgekippt. Oder als wenn es einen Rohrbruch gegeben hätte. Die roten, hochgezogenen Rolltore spiegeln sich auf der Wasseroberfläche. Die Farbe macht den Anblick noch unheimlicher. „Hallo! Ist hier noch jemand?", ruft Stephan in Richtung des Brummens. Dann steht er vor einer Metalltür, die mit Sandsäcken bis fast zur Klinke hoch verbarrikadiert ist. Dahinter muss das Aggregat seinen Dienst tun. Die Tür daneben steht offen. Sie führt in ein schmales Treppenhaus. Stephan stürmt hinein, nimmt drei Stufen auf einmal. Auf dem Gang hört er eine Stimme. Es klingt, als gebe jemand über Funk Kommandos. Dann steht Stephan in einer Bürotür und sieht einen Feuerwehrmann. Der ruft mit einer unaufgeregten Gleichgültigkeit in ein Sprechfunkgerät: „Ich meld mich jetzt ab. Hier ist Feierabend. Ich stell das Aggregat noch aus, damit es keinen Kurzschluss gibt, dann komm ich zu euch hoch." Jetzt erst bemerkt er

Stephan in der Tür. Was der Funkspruch für eine Bedeutung hatte, interessiert Stephan nicht. „Ich brauche Hilfe. Meine Freundin steht drüben im Wasser und kommt nicht mehr weg. Jemand muss sie dort mit einem Auto rausholen. Können sie schnell eines rufen?" Erwartungsvoll blickt Stephan den Uniformierten an. Stephan findet ihn für einen Feuerwehrmann erstaunlich alt. Schätzungsweise sechzig oder siebzig Jahre. Die Haare sind ergraut. Die blaue Uniformjacke ist offen, die Hosenbeine stecken in zwei viel zu großen schwarzen Gummistiefeln. Wahrscheinlich gehört er zur Altersabteilung und ist zufällig hier. „Nun mal ganz ruhig, mein Junge. Wo brennt's denn?", fragt der Alte mit stoischer Gelassenheit. „An der Dresdner Straße ist alles überflutet. Überall ist Wasser. Und meine Freundin steht mitten drin an einem Geländer und kommt nicht mehr weg. Die Strömung ist einfach zu stark, da kommt keiner rüber", sagt Stephan aufgeregt. Dabei dreht er sich schon wieder halb zur Tür hinaus. Sein Schulterblick gibt dem Uniformierten zu verstehen, dass sie sofort loszugehen haben, um die Situation zu entschärfen. Doch Stephans Gegenüber macht keinerlei Anstalten, in Startposition zu gehen. „Junge, überall ist Wasser. Du bist nicht der Einzige, der nach Hilfe schreit. Hier ist seit Stunden alles unterwegs, was Beine hat. Ich hab kein Auto mehr, das ich schicken kann. Kannst ja mal versuchen, ob du jemanden per Telefon erreichst. Glaub ich aber nicht." Dann greift Feuerwehrmann Bernd Meiner sein Funkgerät und kramt noch ein paar Sachen zusammen. Mit einem letzten Kontrollblick durchs Büro vergewissert er sich, dass er nichts vergessen hat, dann schiebt er Stephan hinaus ins Treppenhaus. Licht aus. Tür zu.

Stephan kontrolliert auf dem Display seines Handys, ob er Empfang hat. Dann tippt er ein paar Ziffern und schaut erwartungsvoll auf das Gerät. Nach ein paar Sekunden knautscht er sein Gesicht zusammen. Die Unterlippe schiebt sich über die obere. Keine Verbindung. Vielleicht liegt es ja am Akku. Der ist fast leer.

Bernd Meiner ist inzwischen weitergegangen. Stephan folgt ihm in die offene, noch beleuchtete Fahrzeughalle. Hier steht das Wasser inzwischen mehr als knöchelhoch. Bernd Meiner schlurft mit seinen Stiefeln bis vor die verbarrikadierte Metalltür. Er geht vorsichtig, damit so wenig Wasser wie möglich in den weiten Schaft der Schuhe schwappt. Dann greift sich Bernd Meiner zwei der aufgestapelten Sandsäcke und schleudert sie hinter sich. Dabei kommt der schmächtige Mann etwas aus dem Gleichgewicht. „Hilf mir mal“, raunzt er Stephan an. „Man, i c h brauche Hilfe, nicht du“, schnauzt Stephan zurück. „Haste Empfang? Jetzt müssen wir erstmal das Aggregat abschalten, bevor hier ein Unglück passiert“, sagt Bernd Meiner und greift sich die nächsten beiden Sandsäcke. Jetzt bückt sich auch Stephan. Er hantiert aber wesentlich wilder. Ohne aufzusehen, schmeißt er einen Sack nach dem anderen links wie rechts beiseite. Bei der Landung auf der Wasseroberfläche lösen sie jedes Mal eine Bugwelle aus. Stephan wirft nicht weit genug. Die Spritzer treffen ihn, was er jedoch ignoriert. Während die ersten Säcke noch im Wasser versanken, klatschen sie jetzt aufeinander. Die trockenen, die vor der Tür oben lagen, waren ja noch leicht. Doch jetzt sind die beiden Schuftenden an den unteren angelangt, die sich mit Wasser vollgesogen haben. Bernd Meiner schafft nur noch einen Sack pro Wurf. Mit beiden Händen muss er zupacken, um in gebückter Haltung den jeweils zehn bis fünfzehn Kilo schweren Jutesack weit genug wegzuräumen, außerhalb des Schwenkbereiches der Tür. Während Stephan ins Wasser greift, um auch noch die unterste Schicht wegzuschieben, öffnet der Feuerwehrmann mit einem Schlüssel die klinkenlose Metalltür. Stephan muss helfen, die nach außen aufgehende Tür gegen den Druck der Wassermassen zu schieben. Jetzt kommt die braune Brühe in Bewegung. Sie überholt durch den offenen Türspalt Bernd Meiners Gummistiefel und stürzt sich in das Kabuff, in dem ein schrankgroßes Dieselaggregat dröhnt. Bevor Meiner den Raum betritt, schaltet er erst mal eine Taschenlampe an. Das verwundert Stephan, denn der Raum ist hell erleuchtet. Vielleicht sieht der Alte ja schlecht. Nun beschleunigt auch der erfahrene Feuerwehrmann seine Bewegungen. Als würde er schneller als das Wasser an der Maschine sein wollen. Es wirkt aber nichts hektisch. Stephan sieht, wie Bernd Meiner offensichtlich eine Art Notknopf drückt. Der Generator stottert und verstummt. Mit einem Schlag ist alles dunkel. Bis auf Meiners Taschenlampe. Damit sucht er noch nach wichtigen Zuleitungen. Als er sie getrennt hat, wendet er sich Stephan zu. „So

Junge, und jetzt zu deiner Freundin. Wo steht sie denn genau im Wasser?" Stephan versucht, den Standort von Anna so genau es geht zu beschreiben. Wie der Platz oder die Läden dort heißen, weiß er ja nicht. „Kommen Sie mit, ich zeig es Ihnen. Das ist gleich dort hinten", sagt Stephan und weist mit einer ausholenden Handbewegung über das Nachbargebäude hinweg. „Ich rufe mal in der Zentrale an, ob ein Auto in der Nähe ist", sagt Bernd Meiner. Er leuchtet mit seiner Stabtaschenlampe auf sein Funkgerät, hält es sich ein paar Zentimeter vors Gesicht und spricht hinein.

Es braucht ein paar Versuche, bis die Zentrale antwortet. Bis vor einer Stunde war diese noch hier im Gebäude und koordinierte die Rettungsmaßnahmen für Freital. Dann kam vom Stromversorger die Nachricht, dass die Versorgung der Feuerwehr nicht mehr lange gewährleistet werden könne. Das Wasser habe zu viele Schaltanlagen außer Gefecht gesetzt. Die Feuerwehrleute haben auf Notstrom umgeschaltet und schließlich die eigene Zentrale evakuiert. Als Stephan ankam, war der Standort längst aufgegeben. Sämtliche mobile Technik war auf Fahrzeuge verfrachtet und nach Zauckerode transportiert worden, auf hochwassersicheres Gelände auf dem Berg. Kleinzeug wurde in Privatautos geworfen und hinterhergebracht. Dafür wurde jede Hand gebraucht. Da war es Gold wert, dass sich fast alle Kameraden der Altersabteilung der Freitaler Feuerwehr eingefunden haben, um zu helfen. Klar werden die Rentner nicht mehr in voller Montur in die Fluten steigen oder tonnenschwere Feuerwehrautos durch schwieriges Gelände bugsieren. Das überlassen sie den Jüngeren im aktiven Dienst. Mit fünfundsechzig scheidet man automatisch aus. Doch wirklich verabschiedet sich von der Feuerwehr niemand. Das wäre ja, als würde man Kameraden im Stich lassen. Und Arbeit gibt es für die Alten bei der Feuerwehr auch immer. Als sie hörten, dass die Lage an der Weißeritz immer dramatischer würde, waren sie natürlich da, haben in der Feuerwache Material ausgegeben oder den Sprechfunk überwacht. Bernd Meiner schaute gerade in seinem Kleingarten am Windberg nach dem Rechten, als ein Freund aus der Altersabteilung der Feuerwehr anrief und fragte, ob er wisse, was in der Feuerwache los sei. Das war am frühen Nachmittag. Seitdem ist er in Uniform. Zuletzt koordinierte er den Umzug der Zentrale vom hochwassergefährdeten Deuben in den höher gelegenen Stadtteil Zauckerode. Abends hatte ihm seine Ehefrau noch ein paar Bemmen gebracht. Bernd Meiner hat seine Frau aber schnell wieder fortgeschickt. Denn das Wohnhaus der Meiners liegt auf der anderen Seite des Tals und die Polizei hatte angekündigt, die Brücken zu sperren, weil das Wasser bedrohlich steige und die Sicherheit nicht mehr gegeben sei. Flussaufwärts seien schon mehrere kleinere Brücken überschwemmt und in den Fluss gestürzt. Schließlich war er der letzte im Feuerwehrhaus. Er sollte nur noch warten, bis die Zentrale in Zauckerode arbeitsfähig war, dann sollte er das Aggregat abschalten und gehen. Falls er nicht mehr über den Fluss komme, sollte er sich im ersten Stock in der Feuerwehr schlafen legen, sagten ihm die jüngeren Kameraden, als sie auf das letzte Auto aufgesprungen sind und davonfuhren. Im Zimmer des Feuerwehrchefs ist zwar tatsächlich eine Pritsche, auf der man nächtigen könnte. Bernd Meiner wäre auch nicht der Erste gewesen, der sie genutzt hätte. Doch wie soll man in so einer Situation Schlaf finden? Das hatte selbst Meiner noch nicht erlebt, dass das Flüsschen so verrückt spielt. Nicht nur, weil die öffentliche Ordnung völlig durcheinander geraten ist, so gefährlich war die Situation für Leib und Leben bei einem Hochwasser noch nie. Als junger Mann hatte er das Hochwasser von 1953 erlebt. Danach gab es viel aufzuräumen. So kam er selbst zur Feuerwehr. Aber da hatte doch keiner Angst um sein Haus oder seine Gesundheit. Bernd Meiner kann sich jedenfalls nicht an eine so dramatische Situation erinnern wie er sie heute im Funkverkehr verfolgt hat. Es musste sogar Luftrettung angefordert werden. Als Leute aus ihrem Haus geholt werden mussten, weil es einzustürzen drohte. Eine Person soll dabei sogar abgestürzt sein. Ob sie das überlebt hat, weiß Meiner aber nicht. Welche Bilder kann man da schon im Kopf haben, wenn man allein in der Feuerwache auf einer Pritsche liegt und in der Fahrzeughalle die Fluten plätschern hört. Da kam es ihm fast recht, dass dieser Grünschnabel jetzt in der Tür stand und um seinen Beistand bettelte.

Jetzt stehen die beiden auf der gefluteten Straße und warten auf eine Eingebung. Mit einem Wink mit der erstaunlich weit leuchtenden

Taschenlampe in Richtung Fluss gibt Bernd Meiner Stephan zu verstehen, dass er Richtung Dresdner Straße will, um sich ein Bild von der Situation zu machen, in der Anna dort steckt. Beim Laufen spricht Meiner immer wieder per Funk mit der Zentrale. Stephan versteht nur Bruchstücke. „Hilflose Person an der Panschau ... Anfahrt von der Schachtstraße ... Nu ... Boot ... DRK ... Polizeirevier ... Nu ... Versuch mal, was du kannst." Das Wasser wird immer tiefer. Meiner leuchtet mit seiner Taschenlampe die Umgebung ab, um den günstigsten Weg durch flacheres Wasser zu erkunden. Doch es gibt keinen. Die Fluten steigen langsam aber stetig. Eine Strömung ist in der Seitenstraße kaum wahrzunehmen. Und doch kommt ihnen immer mehr schlammiges Wasser entgegen. Stephan bedrängt den Feuerwehrmann schneller zu gehen. Doch Meiner stoppt. Er sieht im Schein seiner Funzel, wie ein reißender Strom quer vor ihm über die Dresdner Straße prescht. Kurz ist Treibgut zu sehen, dann ist es auch schon an der Straßeneinmündung vorbei und verschwindet hinter der nächsten Häuserecke aus dem Blickfeld. „Deiner Freundin nutzt das gar nichts, wenn wir beide hier untergehen und einen Ausflug nach Dresden machen", sagt Meiner zu Stephan. Denn dorthin treibt alles, was die Fluten mitnehmen. Erst durch die enge Schlucht im Plauenschen Grund, dann hat die entfesselte Weißeritz in Dresden unendlich viel Futter, bis sie schließlich in die Elbe stürzt. Diesen Weg ist Stephan gerade in Gedanken abgefahren. Den kennt er. Direkt neben dem Fluss führt nämlich die Hauptverkehrsader entlang, die Freital mit Sachsens Landeshauptstadt verbindet. Dort gibt es keinen Abzweig. Jedenfalls ist ihm nie einer aufgefallen. Zwischen den bis zu hundert Meter hohen Felswänden wird das Wasser jetzt wohl auf eine unbeherrschbare Höhe steigen. Stephan erstarrt. Bernd Meiner glaubt, dass es wegen Anna ist. Und weil er selbst etwas unterkühlt reagiert haben könnte. Meiner will ihn deshalb etwas aufmuntern: „Das DRK schickt gleich ein Boot." „Ein Boot?", entfährt es Stephan. „Klar", antwortet Meiner, „das Wasser auf der Straße ist schon so hoch, dass dort die flache Schüssel der Wasserrettung fahren kann. Dreißig Zentimeter Wassertiefe reichen. Aber die müssen das Boot erst mal zu Wasser lassen. Ich glaub, die sind irgendwo in Potschappel", sagt Meiner. Stephan weiß nicht genau was Potschappel bedeutet. Aber es hört sich gut an. Trotzdem zieht es Stephan weiter Richtung Wasser. Er muss doch schauen, ob Anna noch da ist. Oder ob sie wieder zurück ist, über die Brücke. Dass die nur noch auf einem Widerlager sicher aufsitzt, kann Stephan ja nicht wissen. Außerdem kommt Anna überhaupt nicht mehr weg. Das Wasser hält sie gefangen. Stephan hat sich wieder bis zur Hausecke an der Hauptstraße vorgekämpft. Das Wasser steht jetzt wesentlich höher, obwohl er in dem Wellental steht, das sich um die Hausecke zieht. Tatsächlich, dort drüben steht Anna immer noch. Bernd Meiner hat sie mit seiner Taschenlampe geortet. Anna winkt. Aber in eine andere Richtung. Etwas stromaufwärts. Dorthin, wo die Schachtstraße in die Dresdner Straße mündet. Es ist auch nicht Meiners Taschenlampe, die die andere Straßenseite erleuchtet, sondern ein Feuerwehrauto. Meiner hat es also tatsächlich geschafft, ein großes Auto hierher zu lotsen. Stephan könnte losschreien vor Glück. Doch er muss zusehen, dass er sich an der Hauswand aufrecht hält, hinter der er vorlugt. Er muss woanders hin. Hier ist er nur Beobachter. Stephan tastet sich an Hauswand und Gartenzaun zurück in die Nebenstraße auf trockenes Gelände. An der Feuerwehr vorbei. Bernd Meiner steht mit seiner Taschenlampe auf der anderen Straßenseite etwas erhöht auf einer Betonkante. Von dort aus hat er versucht, Anna zu entdecken. Auch er zieht jetzt ab. Stephan wirft ihm noch ein glückliches Danke rüber und verfällt in Laufschritt. Er muss husten. Es ist das erste Mal, dass sich sein Husten wieder bemerkbar macht, seit er die Wohnung nach Annas Anruf verlassen hat. Stephan wird wieder langsamer. Schnelles Gehen reicht. Jetzt ist ja Hilfe bei Anna. In wenigen Augenblicken ist er ums Karree. Dann sieht er das große Feuerwehrauto mit der Drehleiter. Hier ist es plötzlich taghell. Wie Laserschwerter durchschneiden Scheinwerfer die Nacht. Stephan kann Anna genau erkennen, wie sie etwa dreißig Meter von ihm entfernt steht, an ein Fußweggeländer geklammert. Ihre Haare wirken dunkler als sonst. Wahrscheinlich sind sie nass. Ihre Blicke treffen sich. Sie zeigen sich damit gegenseitig ihre Angst, ihre Freude und ihr Entsetzen. Wie konnte es möglich sein, dass sie Wasser auf der Straße derart dramatisch trennen kann? Doch jetzt ist ja Rettung da.

Der Motor des Feuerwehrautos dröhnt. Ein Feuerwehrmann steht mit Wathose in flachem Wasser und dirigiert das Fahrzeug in die beste Position. Der Fahrer hängt den Kopf weit zum Fenster raus. Nur die Freitaler Feuerwehr hat in der weiteren Umgebung ein solches Fahrzeug mit Drehleiter. Die Scheinwerfer und mehrere schwenkbare Spots feuern ihre Lichtstrahlen auf Anna und die tosenden Fluten ab. Doch einfach durchs Wasser zu fahren, das ist dem Fahrer zu heikel. Nicht nur wegen der starken Strömung. Unter der Wasseroberfläche lauert viel Unrat darauf, sich in die Reifen zu bohren. Das Auto bewegt sich zwar nur zentimeterweise vorwärts, aber das leichte Holpern bemerkt sogar Stephan beim Zusehen. Dabei müsste hier eigentlich glatter Straßenbelag unter dem schwarzen Wasser sein. Der Fahrer winkt mit weiten Armbewegungen ab. Damit will er wohl seinem Dirigenten klarmachen, dass er nicht weiterfährt. Er zieht den Kopf wieder in die Kabine und legt den Rückwärtsgang ein. Stephan erschrickt. Warum fährt der nicht weiter? An der offenen Fahrertür kommen jetzt mehrere Feuerwehrleute zusammen. Einer hat eine Schildmütze auf. Möglicherweise ist er der Chef. Auch Bernd Meiner erkennt Stephan in der Runde. Nun stellt er sich selbst zu dem Palaver dazu. Stephan schaut aber immer wieder rüber zu Anna, die dort auf der anderen Straßenseite ausharrt. „Wenn ich hier absaufe, nützt das niemandem“, sagt der Fahrer. Wasser könnte in den Motorraum schwappen. Es sei auch kein Fahrzeug in der Nähe, das ihn da wieder rausziehen könnte. „Den einzigen Leiterwagen können wir hier nicht opfern“, ruft der Beifahrer durch die Kabine nach draußen. „Eine Idee habe ich noch“, sagt der Mann mit der Schirmmütze und den grauen Schläfen. „Wir versuchen, mit der Leiter rüberzukommen. Die könnte lang genug sein.“ Keine Widerrede. Auch nicht von Stephan. Dem fröstelt es. Seine Füße, seine Hose, sie ist hoch bis zu den Knien nass. Dann schwärmen alle aus. Offensichtlich weiß jeder, was jetzt seine Aufgabe ist. Stephan haben sie ignoriert. Nur Bernd Meiner nicht. Der geht mit Stephan an die Seite und sagt: „Das wird schon, mein Junge. Die Kameraden wissen, was sie tun, glaub mir.“ Davon ist Stephan überzeugt. „Mir wäre trotzdem wohler, wenn

Anna endlich hier drüben wäre", antwortet er. Dann beobachten sie die Feuerwehrleute. Deren Auto weist inzwischen das Hinterteil zu Anna hin. Die ist jetzt nicht mehr ganz so deutlich zu erkennen, weil ja nur noch ein Spot vom Heck aus auf sie gerichtet ist. Dann fährt die Leiter erstmal steil nach oben und dreht sich dann in Richtung der Fluten. Während sich die Leiter wieder senkt, fährt der Maschinist sie Stück für Stück aus. Erst jetzt erkennt Stephan, dass das gesamte Fahrzeug auf vier Stützen aufgebockt ist. Das gibt Annas Rettungsarm die nötige Stabilität, denn bei voller Ausladung wirken enorme Hebelkräfte, die über die normale Bereifung wesentlich schlechter abgeleitet werden können. Der Motor dröhnt, obwohl das Auto steht. Der Mann in der Wathose ist nah an der Hauswand bis vor an die Straßenecke ins Wasser gegangen. Von dort kann er besser einschätzen, ob die Entfernung bis zu Anna mit der ausziehbaren Leiter überbrückt werden kann.

Stephan staunt, wie lange es dauert, bis die Leiter voll ausgefahren ist. Sie biegt sich etwas nach unten und schwingt auch leicht. Dann gibt es ein Geräusch, als wäre etwas Metallenes eingerastet. Länger wird die Leiter nicht. Der Mann in der Wathose schüttelt den Kopf. Dann dreht er sich zum Fahrer hin und zeigt die volle Spannweite seiner ausgebreiteten Arme. Seine flach gestreckten Hände deuten offenbar einen Abstand an. Der Abstand ist noch zu groß. Wieder dieses Geräusch. Die Leiter wird kürzer. Stephan hofft, dass das noch nicht das Ende ist. Er schaut zu Anna rüber. Was wird jetzt in ihr vorgehen? Dort steht sie, regungslos wie eine Strohpuppe in den Wellen eines reifen Getreidefeldes. Dann kämpft sich Stephan im Wasser vor zum Mann in der Wathose. Sollte der seinen Posten verlassen, würde ihn Stephan einnehmen, so lange, bis Rettung kommt. „Was ist los? Warum wird die Leiter wieder eingefahren?", fragt Stephan den Feuerwehrmann. Der ist überrascht, dass Stephan freiwillig ins Wasser steigt. „Dort drüben, das ist meine Freundin", sagt Stephan, der das Erstaunen richtig gedeutet hat. Jetzt reagiert der Mann in der Wathose: „Wir müssen mit dem Auto noch weiter ins Wasser rein. Sonst kommen wir nicht mit der Leiter bis rüber", sagt er zu Stephan. Da sind die Stützen auch schon eingefahren. Das Auto rollt wieder zentimeterweise tiefer ins Wasser. Das gurgelt an den Reifen vorbei und klatscht ans Heck. Der Fahrer schaut abwechselnd nach hinten und zu Stephan und seinem Nebenmann rüber. Der hat eine Hand erhoben, mit der er dem Fahrer offensichtlich das Zeichen zum Stoppen geben will. Stephan kann es natürlich nicht weit genug gehen. Doch der Mann in der Wathose senkt abrupt den Arm. Tatsächlich, das Auto stoppt. Der Mann in der Wathose wendet sich zu Stephan und erklärt fast entschuldigend: „Weiter können wir nicht. Wenn wir weiterfahren, kriegen wir die Stützen nicht mehr sicher runter. Das ist jetzt schon gefährlich, weil wir nicht sehen, wodrauf sie stehen.“ Dann geht der Feuerwehrmann an das Heck des Fahrzeugs und beobachtet das Aufsetzen der Stütze. Um zur hinteren Stütze auf der anderen Seite zu kommen, geht er den längeren Weg um die Fahrerkabine rum. Hinterm Heck ist das Wasser gefährlich tief und die Strömung wesentlich stärker. Das Absetzen der vorderen Stützen haben zwei Kameraden in Gummistiefeln überwacht. Das Auto hebt sich. Alles ist stabil. Jetzt kann die Leiter ein zweites Mal ihre rettende Hand zu Anna hin ausstrecken. Aber viel zu langsam, wie Stephan findet.

Anna unter Wasser

Noch steht Anna hinter dem Geländer, das die Fahrbahn vom Gehweg trennt. Es hat zwei armdicke Rohre. Ein weißes auf Kniehöhe und ein rot-weiß gestreiftes in ihrer Taillenhöhe. Es wird nur einmal unterbrochen. An der Ampel an der Panschau, die die Fußgänger über die viel befahrene Dresdner Straße lässt und den Autos aus der Schachtstraße die Chance, sich in die Kolonnen auf Freitals Magistrale einzureihen. Wenn das Gelände trocken ist wohlgemerkt. Doch um an Land zu gelangen, müsste Anna sich gegen die Strömung etwas aufwärts kämpfen. Näher an das große Auto heran, das dort drüben mit seinen Scheinwerfern die Szenerie erleuchtet. Stromabwärts ginge es für sie zwar leichter. Doch etwa dreißig Meter, dann ist das Geländer zu Ende. An der Bushaltestelle. Anna steht auf dem Gehweg. Etwas krabbelt über ihre Füße. Nichts Lebendiges. Eher Stoff oder weiche Plastikfolie. Anna hebt einen Fuß an, hoch bis aus dem Wasser und stakt wie ein Storch vorwärts. Das Wasser fühlt sich wärmer an als noch vorhin. Es gibt aber keinen Grund dafür. Wahrscheinlich sind nur Annas Füße inzwischen kälter als bei ihrem ersten Sprung ins Hochwasser. Und hoch ist es inzwischen auch hier auf dem Fußweg. Das kann man aber kaum sehen. Sie spürt es nur an ihren Beinen. Sie muss immer mehr Kraft aufwenden, um Gegendruck zu erzeugen. An diesem Fleck stehen zu bleiben, wäre keine gute Idee. Es scheint ihr einfacher, auf den mittleren Holm des Geländers zu klettern und dort stromaufwärts zu rutschen. Stück für Stück. Anna steigt mit beiden Beinen auf den unteren Holm. Leicht nach vorn gebückt schaut sie auf das schwarze Wasser, das über den Asphalt der Fahrbahn grummelt. Dumpf. Beinahe in Moll. Dort, hinter der Bordsteinkante, ist das Wasser noch tiefer. Außerdem hat die Flut dort noch mehr Fracht geladen. Anna kann nicht genau erkennen, was auf der Straße treibt, aber Respekt hat sie schon. Sie presst die Schenkel an den oberen Holm, um das Gleichgewicht zu halten. Die Schuhe hat sie über das linke Handgelenk geschoben. Das Kleid ist weit genug für diese Kletteraktion. Sie wartet, immer noch auf der unteren Metallstange stehend, bis ein in der Dunkelheit größer wirkendes Stück an ihr vorbeigetrieben ist. Dann schiebt sie sich weiter Richtung Fußgängerampel. Dort ist auch der Abstand zu den Scheinwerfern kleiner, zu dem Licht, das die Rettung verspricht. Annas Hände umkrallen das massive Geländer. Die wabernden Fluten sind nicht mal knietief. Das schmale Metall ist unangenehm an Annas nackten Fußsohlen. Sie stützt sich stärker auf ihre Hände, um die Füße zu entlasten. Wirklich erkennen kann sie um sich herum aber trotz der Scheinwerfer nichts. Alles unter ihr ist schwarz. Nur die Schatten größerer Gegenstände heben sich etwas von der mattschwarzen Wasseroberfläche ab.

Jetzt ist ihr, als hätte sie etwas Glitschiges unter Wasser am Fuß gestreift. Es könnte ein mittelgroßer Fisch gewesen sein. Vielleicht eine Forelle. Aber auf der Straße? Warum nicht. Mit der Weißeritz kann doch auch ein Fisch aus dem Flussbett gesprungen sein. Das erschreckt Anna nicht. Eher hat sie Mitleid mit dem armen Geschöpf, das jetzt auf unbekanntem Terrain gen Dresden unterwegs ist. Der

Weg zurück ist für das Tier wohl ausgeschlossen. Und eine ruhige Ecke in seichtem Wasser zum Ausruhen ist in der Straßenschlucht nicht auszumachen. Also ergibt sich der Fisch seinem Schicksal und schwimmt mit dem Strom mit, bis seine Kiemen vom feinen Schlamm verstopft sind und das Ende naht. Bei diesem Gedanken wird Anna doch etwas mulmig. Los jetzt, rüber über die Straße, gibt sie sich selbst einen Ruck. Plötzlich reißt es Anna die Beine weg. Mit Höchstgeschwindigkeit rollt auf Anna die zerstörerische Welle zu, die sich schon seit Kilometern dafür stark gemacht hat.

Das Wasser schlägt wild um sich. Es hat Anna endgültig umzingelt. Aber sie ist fit. Das zahlt sich aus in dieser dramatischen Nacht. Das Geländer, das den untergegangenen Gehweg immer noch von der Fahrbahn trennt, ist schmierig. Hier fuhren vorhin noch Autos durch Freital. Die Stadt ist für viele Fahrer nur Durchgangsstation. Jetzt auch für die Wassermassen, die sich nach stundenlangen Unwettern über den Tälern des Osterzgebirges in die Stadt ergießen. Das schmale Tal füllt sich. Die Vereinigte Weißeritz steigt ohne Unterlass. Das Flüsschen schickt sich an, sich deutschlandweit einen Namen zu machen. Die nächste Flutwelle rollt an. Sie reißt ein Auto mit sich. Ohne Fahrer. Er hat sich retten können. Jetzt würden sich nicht mal mehr Wildwasserkanuten ins Gelände trauen.

Anna hat immer mehr Mühe, sich an ihrer rettenden Insel, dem Fußweggeländer, festzuklammern. Die Finger können das kalte Metall nicht vollständig umfassen. Nur ein winziges Stück fehlt. Aber es fehlt. Es könnte so leicht sein, sich zu halten. Doch es wird immer schwerer. Der Holm des Geländers, der nur noch Zentimeter aus den Fluten ragt, bläht sich unter ihren Handflächen. Nachfassen. Anna presst den Oberkörper auf den Holm. Mit dem linken Fuß sucht sie unter Wasser verzweifelt nach einem Widerstand. Überall ragen schiefe Gehwegplatten auf. Warum hier nicht? Sie rutscht immer wieder weg. So sehr sie auch ihr Gewicht auf den anderen Fuß verlagert, Millimeter um Millimeter treibt sie ab. Beim Bergsteigen wäre sie längst abgestürzt. Allein mit den Händen kann man sich nicht lange halten. Das weiß die erfahrene Kletterin. Immer wieder klirrt

Schwemmgut gegen das Metall. Der Stahl vibriert, will Anna endgültig abwerfen. Doch die schlingt nun ihre Arme um die rettende Stange. Es ist der einzige Halt in diesen tosenden Fluten. Das Wasser zerrt an ihren Beinen. Sie verliert das Gleichgewicht. Sinkt nieder. Festhalten. Nur nicht loslassen.

Das verdammte Wasser ist höchstens einen Meter tief. Aber die Strömung reißt Anna fast die Kleider vom Leib. Der neue Sommerrock hängt schon in Fetzen. Irgendein scharfkantiges Unterwassergeschoss hatte sich verfangen. Die nackten Beine schmerzen. Das Wasser ist kalt. Wunden. Sie müsste doch Wunden haben. Mülltonnen, Kühlschränke, ja sogar Baucontainer treibt die wild gewordene Weißeritz vor sich her. Kleineres Treibgut ist jetzt nach Anbruch der Nacht nicht mehr genau identifizierbar. Aber die harten Stücke schmerzen, wenn sie über Annas Füße poltern. Die Schuhe hatte sie noch ausgezogen, als sie sich aufmachte, schnell mal über die Straße zu waten. Längst sind die roten Riemchenschuhe davongeschwommen. Ob sie schon in Dresden sind? Wieder zurück, genau dort in der Auslage des Schuhgeschäftes an der Prager Straße, wo sie Anna erst gestern gekauft hatte? Auch dort peitscht inzwischen das Flüsschen Weißeritz alles nieder, was sich ihm entgegenstellt. Von Annas Überlebenskampf weiß in Dresden aber noch keiner.

Die Straßenbeleuchtung an Freitals Magistrale und allen Querstraßen ist seit Stunden abgeschaltet. In den Häusern sieht man nur hinter einigen Gardinen einen dünnen Kerzenschein. Steht da etwa jemand am offenen Fenster? Kann er mich hören? Funzelt da etwas auf dem Balkon? Anna ist der Verzweiflung nah. Das Gurgeln des vollgestopften Wassers ist einfach zu laut. Sie nimmt die Dinge um sich herum nur noch instinktiv wahr. Sie kämpft mit einem Raubtier, das alles verschlingt, was vor ihm niedersinkt. Noch hat das Wasser das blonde Mädchen aber nicht umgeworfen. Noch hält sie sich aufrecht, wäre Rettung möglich. Auf der Straße erkennt man gar nichts mehr. Dunkelheit macht noch viel einsamer. Ist denn hier niemand, der mir helfen kann? Die Scheinwerfer des Feuerwehrautos, die eben noch von der anderen Straßenseite auf sie gerichtet waren, sind erloschen. Der Rettungsversuch endete im Fiasko. In Annas Kopf beginnt sich langsam alles zu drehen. Auf was soll sie hoffen? Auf Licht in der Nacht? Auf Kraft? Auf einen Ausweg? Die Situation verschärft sich. Erneut steigt das Wasser mit einer noch kräftigeren Welle. Anna kniet noch immer in den Fluten, bäumt sich auf. Das Wasser hält noch stärker dagegen. Sich eisern festhaltend, den Kopf nur noch knapp über den Wellen haltend, starrt sie in die Dunkelheit. So sollte also alles enden? Das Wasser aus ihren Haaren läuft in Schlieren über ihr Gesicht. Es mischt sich mit den Tränen. Sie sind wärmer. Ihr Körper ist fest verankert. Dann türmt sich die nächste, noch größere Welle auf. Bevor sie über ihrem Kopf zusammenschlägt, schreit Anna ihren unerbittlichen Widerpart an, als würde das Hochwasser nur auf diesen einen, alles beendenden Befehl gewartet haben, um endlich Schluss zu machen. Doch nichts passiert. Natürlich nicht. Wie konnte sie nur in diese ausweglose Lage geraten. Sie, die doch bisher immer alles im Griff hatte.

Das Auto weicht

Mit lautem Krachen schlägt die Welle auch am Feuerwehrauto ein. Das hat die Kraftprobe mit einer in Schwung gebrachten Mülltonne aus Metall verloren. Jedenfalls eine der Stützen. Das Auto kippt langsam, wie in Zeitlupe. Der Feuerwehrmann, der sich schon am Fuße der Leiter bereit gemacht hat, um zu Anna rüber zu klettern, muss sich mit aller Kraft festklammern. Die hintere Stütze ist gebrochen. Dahin senkt sich das Auto. Die Stütze an der Beifahrerseite hebt sich dagegen. Metall schleift lautstark über den Grund. Offensichtlich zieht die Tonne weiter. Unter Wasser. Zu sehen ist sie nicht. Das Feuerwehrauto bewegt sich in Richtung Hauswand, an der Stephan jetzt alleine steht. Der Motor heult auf. Hastig versuchen die Feuerwehrleute, die noch intakten Stützen einzufahren. Damit die Räder aufsetzen können, um das wichtige Auto zu retten. Am Auspuff bullert es. Das Wasser steigt. Die Angriffsfläche wird damit größer. Bisher floss der Großteil der Fluten unter dem Unterboden durch. Das Auto kommt immer schneller auf Stephan zu. Der flüchtet sich in die Einfassung einer Haustür und macht sich ganz schmal. Der Motor heult noch mal auf, dann ruckt das Auto endlich vorwärts in Richtung der ansteigenden Nebenstraße, rauf aufs Trockene, weg von Stephan. Metall schleift hinterdrein, so laut, dass einem die Zähne summen.

Auf der anderen Straßenseite wird es schlagartig finster. Stephan hatte gerade nur Augen für das Feuerwehrauto, das beinahe von den Wassermassen auf ihn zugetrieben wurde. Jetzt schaut er rüber zu Anna. Rüber ins Nichts. „Annaaa!" So laut Stephan auch gegen die Fluten anschreit, es kommt keine Antwort. Ist es die befürchtete Tragödie und die Wellen klatschen Beifall? Klatschen an Hauswände, ans Geländer, an Stephans Füße. Und an die meterhohen Wahlplakate. Gerhard Schröder und Edmund Stoiber, die vor ihm am Straßenrand aufgebaut sind, grinsen zu Stephan rüber. Die anderen stromabwärts sind schon abgetaucht. Für sie ist die bevorstehende Bundestagswahl schon gelaufen. Sie hatten sich quer gestellt. Sie sind beim Ansturm der Wassermassen umgekippt. Die Flut hat ihnen nichts eingebracht. Denen wird das Lachen vergangen sein.

Was würde Stephan jetzt für das Lächeln von seiner Anna geben. „Annaaa!" Keine Antwort. Am Geländer auf der anderen Straßenseite ist kein Schatten mehr zu sehen. Stephan ist vorgeprescht und kläglich gescheitert. Nicht mal bis zur Bordsteinkante auf seiner Seite der Dresdner Straße hat er es geschafft. Sofort haben ihn die Fluten aus dem Gleichgewicht gebracht. Mühsam hat er sich in den Strömungsschatten des Hauses an der Schachtstraße geschleppt. Jetzt funktioniert er. Wie ein Apparat. Von seiner geschützten Position aus sucht er die Dunkelheit ab. Nichts bewegt sich. Er muss sich überwinden, um stromabwärts zu schauen. Was würde er tun, wenn dort mitten in den Fluten eine Hand nach oben gereckt werden würde? Hinterherspringen? Laut um Hilfe schreien? Beten? Ist das ein Körper, der dort treibt? Stephan fürchtet sich vor seinen eigenen Gedanken. Er nestelt noch mal sein Handy aus der Hosentasche hervor. Vielleicht hat Annas Telefon ja nicht so viel abgekriegt und sie kann sagen, wo sie steckt. Wenn sie es aus dem Wasser geschafft hat. Mit dreimal drücken hat Stephan Annas Nummer gewählt. Besetzt? Wie kann jetzt besetzt sein? Telefoniert Anna? Ist das nicht das Besetztzeichen? Dann muss sie noch irgendwo dort drüben sein. „Annaaa!“ Oder ist besetzt, wenn ein Telefon untertaucht, voll Wasser läuft? Wenn Anna nicht mehr ist? Was hat mein Leben noch für einen Sinn? Stephan registriert diesen Gedanken, als wäre es nicht seiner. Er erschrickt nicht. Er analysiert. An dem Flecken dort drüben, etwas links des Lichtes des Windbergdenkmals stand sie. Vielleicht hat sie sich ja klein gemacht, um der Welle so wenig Widerstand wie möglich zu geben. Vielleicht hat sie ja doch einen Weg zurück zur Weißeritz gefunden. Außerdem kann sie ja schwimmen und schafft es bestimmt aus der Strömung raus. Sie könnte sich in ein Haus gerettet haben. Aber warum sollte sie das nicht schon vorhin getan haben, wenn es möglich gewesen wäre? Der Schauer auf seinem Rücken dringt bis in seinen Magen durch. Die aufsteigende Kälte von seinen Füßen lässt ihn erstarren. Er muss kräftig ausatmen, als hätte er gerade einen Lauf beendet. Dann stürmt er los, halb springend in die Fluten. Natürlich wird er umgerissen, aber Stephan hat es bis zu dem Fußweggeländer auf seiner Straßenseite geschafft. Das Schienbein müsste vom Aufprall schmerzen, doch Stephan ignoriert das. Nass bis zur Brust kämpft er sich gegen die Strömung die zwei Meter bis zur Fußgängerampel vor. Sie steht so nah am Geländer, dass er sich an dem Mast abstützen kann, während er auf den oberen Holm klettert. Jetzt ist er noch näher dran, an der Stelle, an der Anna eben noch stand. Doch das ist schrecklich. Denn nun sieht Stephan ganz genau, dass dort drüben niemand mehr steht. Das darf nicht sein. Stephan ist verzweifelt. Er schaut auf das vor ihm vorbeiziehende Wasser und malt sich aus, wie schnell es ihn verschlucken würde, wenn er jetzt loslassen und einen Schritt machen würde. Er würde genau dort landen, wo seine Anna jetzt ist. „Annaaa!“

Der schützende Kasten

„Hier!“, ruft Anna in Richtung der Häuserfront, wo sie den Rufer vermutet und Stephan schwach erkennt. Die Strömung hat sie nicht auf die Straße gerissen, sondern entlang des Fußweggeländers. Das hat sie gerettet. Im letzten Moment konnte sie unter Wasser einen Holm greifen. Mit der einer Hand. Als sie die Schuhe abgeschüttelt hat, auch mit der anderen. Der Verlust ist Anna aber noch nicht bewusst, jetzt, da sie den Kopf wieder über Wasser hält. Ihre blonden Haare triefen vom schwarzen Wasser. Der dünne Stoff ihres Kleides klebt an ihrer Haut. Selbst unter ihrer Jacke. Vom Nacken suchen sich die Rinnsale ihren Weg nach unten. Über Rücken, Bauch und Schenkel strebt das schlammige Nass wieder zurück auf die Straße. Vereint sich wieder mit seinesgleichen. Mit einer Hand schiebt Anna ihr Haar aus dem Gesicht. Die andere Hand bleibt, wo sie ist – festgehakt am Geländer. Dann stößt etwas Kantiges gegen ihr Schienbein. Auch ein Fuß wird getroffen.

Der Schmerz treibt ihr Tränen in die Augen. Das ist die Entscheidung für den Rückzug. Anna schiebt sich bäuchlings auf den oberen Geländerholm und versucht, das Hindernis so schnell wie möglich in einem Zug zu überwinden. Etwas ungelenk plumpsen ihre Füße auf die Wasseroberfläche. Auch hier steht das Wasser jetzt wesentlich höher als vorhin. Gefährlich hoch. Ihre Hände lassen nicht mehr vom Geländer. Sie setzt sich auf den oberen Holm, der nun nicht mehr aus den Fluten lugt. Anna atmet tief und zwingt sich, ihre Gedanken zu ordnen. Hier ist sie erst mal sicher. Aber sie kommt auch nicht mehr weg. Von schnell mal durchs Wasser über die Straße laufen, kann keine Rede mehr sein. Was wäre passiert, wenn sie etwas weiter vom Wasser geworfen worden wäre? Das Geländer wäre unerreichbar weit weg gewesen. Die Sintflut hätte sie mitgerissen. Das treibt Anna die nächsten Tränen ins Gesicht. Sie fröstelt. Das Wasser hat nicht mehr die lauwarme Temperatur der Luft. Das auf Annas Haut verdunstende Wasser zieht aus ihr jede Menge Energie. Das stoppt sogar ihren Drang zu fluchen. Ihr Unterkiefer presst die Zähne zusammen. Steif vom Mund bis zum Nacken unterdrückt ihre Gesichtsmuskulatur jede Bewegung. Ihre Arme wollen nicht vollends gehorchen und zittern leicht. Jetzt fühlt sie sich auch nicht mehr so sicher in ihrer Sitzposition auf der nur wenige Zentimeter breiten Stange. Anna hat Angst, die Balance zu verlieren. Von der kleinsten Welle umgeworfen zu werden. Außerdem sitzt sie ja mit dem Rücken zur anderen Straßenseite. Sie müsste sich umdrehen, um zu schauen, ob Stephan noch da ist. Außerdem kann sie jetzt schlecht in seine Richtung rufen, dass sie nicht mehr wegkommt, dass sie Hilfe braucht, dass sie friert, dass sie endlich hier weg will. Langsam gleitet sie vom Holm runter, ins Wasser, in den Stand. Sie drückt ihr Schienbein genau hinter die Stütze, die das Geländer unter Wasser im Boden verankert. So würde der nächste Mülltorpedo nicht direkt ihr nacktes Bein treffen. Für die Temperatur des Wassers hat sie jedes Gefühl verloren. Es peitscht inzwischen von allen Seiten heran. Auch aus der Blumenrabatte, auf der Anna vorhin noch halbwegs trocken stand, quillt jetzt eine von Blumenerde, Rindenmulch und kleinen Steinen angefüllte Suppe. Alles schleift über Annas Füße. Es ist zwar unangenehm. Doch jeder Schmerz wird unter Wasser sofort kleingekühlt. Trotzdem sucht sie einen besseren Standort, etwas geschützter. Sie schaut stromabwärts. Dort wirkt das Wasser noch tiefer. Das bringt nichts. Stromaufwärts wird der Fußweg schmaler. Vielleicht kann sie dort irgendwo den Fluten entkommen. Sich vom Geländer lösen und die entscheidenden Schritte frei durchs Wasser waten, bis sie wieder trockenen Boden unter den nackten Fußsohlen hat. Hier wird das nicht gehen. Der Abstand und die Strömung sind einfach zu groß. An den oberen Holm des Fußweggeländers geklammert, schiebt sich Anna Stück für Stück vorwärts. Die Wellen kriechen ihre Schenkel hoch, die größten schwappen gegen ihre Brust. Die Strömung reißt an ihrem Kleidchen. Der Widerstand macht das Gehen anstrengend. Doch sie hat tatsächlich eine Stelle erreicht, an der sie nicht mehr von allen Seiten angegriffen wird.

Dicht an der Blumenrabatte steht ein Zigarettenautomat. Wie ein Wellenbrecher teilt er die angedickte Flut, die vom eigentlichen Flussbett aus auf die Dresdner Straße walzt. Anna ist höchstens zweieinhalb oder drei Meter von dem schützenden Kasten entfernt. Die Dunkelheit verzerrt etwas die Distanz. Feste Gegenstände trommeln an die metallene Rückseite des Automaten. Das dumpfe Grollen der Wassermassen auf dem Straßenasphalt hat jetzt eine Begleitmusik bekommen. Anna soll es recht sein. Denn das nikotinhaltige Schlagzeug bewirkt, dass die stärkste Strömung jetzt einen Kreisbogen um sie zieht. Endlich kann sie sich wieder ohne größere Kraftanstrengung aufrecht halten. Rund um ihre Position schäumen die Wellen einen Wasserwall auf. Der sorgt auch dafür, dass das leichtere, oben schwimmende Treibgut abgelenkt wird. Nur das Kleinzeug, das sich zu ihren Füßen über den Boden wälzt, lässt noch nicht von ihr ab. Doch das spürt sie kaum noch. Ihre Körperfunktionen sind offensichtlich auf die Überlebensstandards reduziert. Festhalten. Nach Hilfe suchen. Sie selbst kann sich nicht mehr befreien. Könnte sie sich jetzt sehen, würde sie sich sicherlich verachten. Hilflos, ausweglos, jämmerlich. Ihr Stolz ist im Eiswasser erstarrt. Ihre Eitelkeit ertrunken. „Hilfe! Hört mich denn keiner." Aus dem Haus an der Panschau wird eine Taschenlampe auf sie gerichtet. Prima, denkt Anna, einer hat mich entdeckt. Dann beugt sie sich über das Geländer und lässt den Kopf etwas hängen. Ihr Rücken braucht kurz Entspannung. „Ich hole Hilfe", schreit Stephan zu Anna rüber. Er kann sie trotz der Dunkelheit wieder erkennen.

Kapitel 5
Rettendes Ufer

Das Rettungsboot

In die Truppe der Wasserwacht kommt Bewegung. Sie packen zusammen. Aus ihren Gesichtern ist nach der dramatischen Rettung der beiden Rentner aus deren einstürzendem Haus die Anspannung noch nicht gewichen. Peter Heilmann hat per Funkgerät bestätigt, dass sie hier oben im dünn besiedelten Osterzgebirge abrücken. Flussabwärts in Freital werden jetzt alle Spezialkräfte zusammengezogen. Das Grauen hat die knapp vierzigtausend Einwohner zählende Stadt erreicht. Dort vereinen sich Rote und Wilde Weißeritz. Haben sie beide einzeln schon ein Gemetzel wie in Ulbersdorf oder Tharandt angerichtet. Vereint macht der Fluss jetzt Angst. Vorsorglich wird in Freital das nahe am Weißeritzufer gelegene Krankenhaus evakuiert. Das Wasser steht schon in der Einfahrt der Notaufnahme. Wie lange die Stromversorgung noch aufrechterhalten werden kann, darauf will sich keiner mehr festlegen.

Die Truppe von Andreas Haupt ist abfahrbereit. „Haben wir irgendwo ein Handtuch?", fragt der Chef der Rettungstaucher. Mit offenem Taucheranzug steht er am Auto und streift Schulter für Schulter die schwarze Hülle von seinen durchtrainierten Muskeln ab. Fahrer Lars Glaube reicht ihm ein rotes Handtuch und sagt, dass Haupt mal seine Frau anrufen soll. Sie hätte es schon viermal versucht, ihn zu erreichen. Irgendwo ist Wasser, habe sie gesagt. Dann sei die Verbindung wieder abgebrochen. Genaues hat Glaube nicht verstanden. Noch mit freiem Oberkörper kramt Andreas Haupt in seinen Sachen auf dem Beifahrersitz nach seinem Mobiltelefon. Glaube wirft den Motor an. „Hey", ruft Haupt ihm zu, „die eine Minute können die schon mal warten." Glaube zieht erschreckt die Augenbrauen hoch und dreht den Zündschlüssel wieder zurück. In dem Ton spricht Haupt mit ihm normalerweise nicht. Dass ihn das Geschehen ganz schön mitgenommen hat, kann nun selbst der sonst so ruhige Chef nicht mehr verbergen. Die Truppe ist seit über zehn Stunden im Einsatz. Das zehrt.

Auch an den Nerven. Haupt hat offenbar eine Verbindung. „Hier ist Andi. Was ist denn los?“, spricht er in das Funktelefon. Er hört eine ganze Weile zu. Dann sagt er: „Was denkst denn du, wie viel Wasser hier ist? Hier ist gerade ein dreigeschossiges Haus untergegangen.“ Seine Frau berichtet ihm, dass in ihrem Mietshaus in Freital im Keller Wasser steht, alle Kartons würden aufweichen und die Fahrräder und alles Werkzeug müssten schleunigst rausgeholt werden. Strom sei aber noch da. Sie fragt, ob es da gefährlich sein könnte, in das Kellerwasser zu steigen. „Ja, könnte es.“ Wenn es den Stromkasten erreicht, dann wäre es sicher ungesund, noch in dem Wasser zu stehen. „Vergiss die blöden Kisten. Nimm die Kinder und geh' erst mal zu deinen Eltern nach Dresden“, sagt Haupt. Nach einer Weile setzt er nach: „Ich weiß, dass es schon spät ist. Aber glaube mir, es ist besser, wenn du jetzt noch fährst. Nimm die Straße über Coschütz. Im Plauenschen Grund geht gar nichts mehr. Und ob noch eine der Brücken befahrbar ist, glaube ich kaum. Wenn ich hier fertig bin, hol ich die Fahrräder hoch.“ „Okay.“ „Tschüss.“ Dann wendet sich Haupt dem Fahrer zu und sagt mit einem schelmischen Grinsen: „Jetzt kannst du losfahren.“ Glaube grinst zurück und antwortet: „Aber wo entlang? Wir müssten raus aus dem Tal, aber trotzdem talwärts.“ Stille. Haupt zieht sich erst mal ein trockenes T-Shirt über, auf dem das DRK-Logo prangt. Dann sagt er: „Lass uns erst mal zur Malter fahren. Ich glaube, wir sollten das Boot von der Talsperre holen.“ „Ach, das kommt schon nicht weg“, platzt es aus David Strozniak heraus, der auf der Rückbank gedrängt zwischen den anderen beiden, wesentlich kräftigeren Rettungstauchern Paul Meiche und Klaus Reinhard sitzt. Reinhard und Glaube müssen laut loslachen. „Ist schon klar mein Junge“, sagt Reinhard und tätschelt dem unerfahrenen Kollegen den Kopf, der seinen Einwurf ernst gemeint hat. „Chef, hast du etwa vergessen, das Boot ordentlich festzubinden?“, ruft Glaube in den Fond des Autos und überschlägt sich fast vor Lachen. Er wirft sich vor Übermut in den Sitz. Dabei rutscht er von der Kupplung. Die fünf Männer hüpfen auf ihren Sitzen nach vorn. Der Motor ist abgewürgt. Jetzt johlen auch die anderen. Strozniak grient nur. Warum genau, weiß er allerdings nicht. Aber lachen steckt nun mal an. Die Stimmung ist gelöst. Jeder erzählt eine lustige Anekdote aus alten Taucherzeiten, als könnten die Retter mit Witzchen all das Elend vergessen machen, das sie in den letzten Stunden zu sehen bekamen.

Abrupt verstummt die lustige Männergesellschaft. Das Auto rollt über die Straße auf der Staumauer. Glaube schaut stur nach vorn. In der Dunkelheit muss er sich als Fahrer konzentrieren. Die anderen schauen rüber zur Wasserseite. Bis zur Kante fehlt höchstens noch ein halber Meter. Die Bögen der Bahnbrücke weit hinten im Stausee sind schon nicht mehr zu sehen, so hoch steht das Wasser in der Talsperre. Sie ist satt. Mehr geht nicht rein. Von nun an rauscht so viel Wasser über den Überlauf, wie von den Bergen in den See flutet. Jetzt hoffen alle, dass der Überlauf hoch und breit genug ist. Würden die Fluten die Dammkrone schleifen, gäbe es für nichts mehr eine Garantie. So viel wissen auch die Männer von der Wasserwacht. Ehrfürchtig verfolgen sie den Weg des Wassers. Auf der anderen Seite der Mauer schäumen entfesselte Fluten im Tosbecken. Das hat selbst Andreas Haupt noch nicht erlebt. „Das ist ja krass", ruft Strozniak nach einer Weile der Stille. Dann rollt das Auto über die Betongitter über dem Überlauf. Keiner sagt ein Wort, bis sie auf der anderen Seite der Talsperre sind. Dort steht die Baracke der Wasserwacht. Es ist eine bescheidene, man könnte auch sagen schäbige Hütte. Die ehrenamtlichen Helfer tun zwar ihr Bestes, wenn es um die Instandhaltung oder Reparaturen geht, doch das Häuschen hat keine guten Zeiten mehr vor sich. Andreas Haupt hat den Zustand bei den zuständigen Behörden immer wieder angemahnt. Noch mehr zu tun, wäre betteln. Aber nicht mit Andreas Haupt. Dann hört er lieber auf, wenn seine Arbeit und die seiner Kumpels niemandem mehr etwas wert ist und die Hütte zusammenfällt. Doch noch hat ihr Basislager ein dichtes Dach. Und noch finden sie hier alles, was sie zum Lebenretten brauchen.

„Welches Boot sollen wir nehmen, Chef?", fragt David Strozniak. Die Antwort ist einfach. Am Schuppen liegt nur noch eins. Mit dem Metallboot mit Ansaugmotor ist schon ein anderer Trupp unterwegs. Wo genau, weiß Haupt jedoch nicht. Ihm selbst bleibt noch das Schlauchboot. Die Männer hieven es auf den Anhänger, hängen den ans Auto und schon geht es los. Nach Freital runter. Dazu müssen die Männer erst mal wieder zurück über die Staumauer. Als die in Reichweite des Autoscheinwerfers kommt, wird Glaube erst blass und dann zornesrot im Gesicht. An der Auffahrt hat sich ein Polizeiauto mit Blaulicht quer gestellt. Ein Polizist fordert mit seiner Kelle den Fahrer auf, das Auto zu stoppen. „Was issn los?“, fragt Glaube aus dem heruntergelassenen Fenster, als der Uniformierte an seine Fahrzeugseite tritt. „Hier geht es nicht mehr rüber. Die Straße ist gesperrt“, erklärt der Polizist. Sie müssen doch hier rüber. Das ist der kürzeste Weg nach Freital. Und dort werden sie doch jetzt gebraucht. Dort rechnet man jede Minute mit ihrer Ankunft. Wegen des Umwegs zum Bootholen haben sie schon jede Menge Zeit verloren. Wenn sie jetzt nicht mehr über die Staumauer kommen, dann müssten sie die gesamte Talsperre umfahren und wieder in die oberen Lagen des Osterzgebirges hoch. Denn sie befinden sich jetzt im Keil zwischen der Roten und der Wilden Weißeritz, die kurz vor Freital zusammentreffen.

Von hier aus über einen der beiden Flüsse zu gelangen, dürfte schwierig sein. Alle Brücken sind gesperrt. Wenn sie überhaupt noch vorhanden sind und nicht schon Opfer der Fluten wurden. Was die Männer im Funkverkehr mitbekommen haben, lässt jedenfalls nichts Gutes ahnen. Die Talsperre Malter ist voll. Die Wassermassen der Roten Weißeritz kann nichts mehr aufhalten. Unterhalb der Talsperre wurde eine Flutwelle gemeldet, die sich jetzt durch den Rabenauer Grund nach Freital wälzt. Die ebenso große Wilde Weißeritz wird derzeit noch von der Talsperre Klingenberg zurückgehalten. Der Staumeister kann ab zwanzig Uhr dreißig aber für nichts mehr garantieren. Dann ist den Berechnungen nach auch dort die Sperre voll. Theoretisch müssten auf der Stelle alle Schieber in Klingenberg maximal aufgerissen werden. Der Staumeister zögert. Bei ihm liegt jetzt die Verantwortung. Eine vorgesetzte Dienststelle ist nicht zu erreichen. Doch würde jetzt auch noch von der Wilden Weißeritz eine zweite Flutwelle auf Freital zurollen, parallel der im Flussbett der Roten Weißeritz, dann würde der Staumeister eine Katastrophe nie da gewesener Ausmaße organisieren. Deshalb zögert er den unausweichlichen Schritt noch etwas heraus. Aber sie wird kommen, die Flutwelle aus Klingenberg. Tharandt hat vielleicht noch eine Stunde Zeit. „Dann müssen wir so viel Wasser ablassen, wie wir können. Ich schlage vor, das Badetal in Tharandt sofort zu evakuieren", meldet der Staumeister der Rettungszentrale. Sofort fahren Melder los, um die Einwohner nahe des Flusses zu alarmieren. Auf Telefonverbindungen oder Funk will sich niemand mehr verlassen, wenn die Lage so dramatisch ist. Etwa eine halbe Stunde später als das Badetal würde die Monsterwelle Freital erreichen. Der kleine Trupp um Andreas Haupt hat den Auftrag, am Krankenhaus zu helfen. Dazu müssen sie jetzt aber im Eiltempo erst mal nach Freital gelangen. Und der Polizist will sie nicht mit ihrem Geländewagen samt Bootsanhänger über die Staumauer lassen.

„Was issn los?", wiederholt Fahrer Lars Glaube seine Frage an den Polizisten, den Andreas Haupt vom Sehen her kennt. Der Wachposten mustert die Insassen. Dann erkennt auch er Andreas Haupt. Sie sind sich schon mal bei gemeinsamen Übungen an der Talsperre begegnet. Ohne jedoch miteinander gesprochen zu haben. Doch dass Haupt der Chef der Rettungstaucher ist, das hatte er sich gemerkt. „Die Talsperre ist voll. Die Dammkrone könnte jeden Moment überlaufen. Wir sollen niemanden mehr rüber lassen", sagt der Polizist schließlich zu Haupt blickend. Die Schieber sind hier bereits bis zum Anschlag aufgerissen. Unterhalb der Staumauer schäumt das Wasser wie wild. Das können die Männer vom Auto aus sehen und auch hören. Der Ernst der Lage erschreckt die Taucher. Ihre Reaktion ist aber alles andere als geschockt. Klaus Reinhard beugt sich sofort von der Rückbank vor und ruft: „Dann lass uns schnell noch durch, Mann. Du siehst doch, dass wir im Einsatz sind!" Lars Glaube hängt direkt an die Aufforderung die Begründung an: „Wenn die Mauer fällt, dann müssen wir erst recht jetzt hier durch, weil wir dann da unten gebraucht werden". Auch Strozniak und Meiche geben dem Polizisten kontra. Wenn auch etwas leiser. Das Gezeter bricht jedoch abrupt ab, als Haupt den Polizisten fragt, wo dessen Vorgesetzter sei. Schließlich seien sie Rettungskräfte, die man ja wohl nicht von der Arbeit abhalten dürfe. Das wäre ja Behinderung von Hilfskräften.

Ohne die Antwort zu geben, lenkt der Polizist ein und sagt: „Ihr könnt gerne losfahren. Aber auf eigene Gefahr.“ „Auf wessen denn sonst“, brummt Glaube grimmig und legt einen Gang ein. Dann winkt der Polizist zum Streifenwagen hin und bedeutet dem Fahrer, das Auto mit den Rettungstauchern durchzulassen. Glaube fährt jetzt wesentlich schneller als vorhin auf der Mauerkrone entlang. Jetzt kann auch er erkennen, dass die Oberfläche der schwarzen Wassermassen nur noch ein paar Handbreit unter der Mauerkante steht. An der anderen Zufahrt der Talsperrenstraße steht nur ein einzelner Polizist. Kein Auto, kein Blaulicht. Mitten auf der Fahrbahn sind lediglich drei Verkehrskegel platziert. An der Seite steht ein rundes Verkehrsschild auf einer Art viel zu klein geratener Staffelei. Es weist wohl an, dass hier die Durchfahrt verboten ist. Doch Glaube und Haupt sehen ja nur die Rückseite des Schildchens. Der Polizist erkennt zwei Scheinwerfer und macht sich sofort dran, das Schild mit der eisernen Staffelei beiseitezuschaffen, um das Auto durchzulassen. Als Nächstes hätte er noch die rot-weißen Hütchen weggenommen. Dazu kommt er aber nicht mehr. Am Straßenrand mit dem beinahe wegkollernden Schild beschäftigt, sieht er aus dem Augenwinkel nur noch, wie das Auto mit DRK-Emblem auf der Fahrertür über den mittleren Verkehrskegel fährt. Als das Gespann mit Boot an ihm vorbei ist, bleibt nur der über die Fahrbahn holpernde Kegel zurück. Die Retter haben's eilig. Der Polizist flucht.

Der Motor säuft ab

Der Einsatzwagen rollt auf der Bundesstraße 170 in Richtung Dresden. Andreas Haupt funkt die Leitstelle an und erkundigt sich nach dem günstigsten Weg zum Krankenhaus und danach, wo die beste Stelle wäre, in Freital das Boot ins Hochwasser zu lassen. Doch es gibt eine Planänderung. Das lässt sich jedenfalls aus dem Gespräch heraushören. „Ja, das ist mein Ernst“, sagt Haupt schließlich und beendet die Verbindung. Die drei Männer auf der Rückbank spitzen die Ohren und erwarten jetzt einen Lagebericht oder zumindest die nächsten Anweisungen. Doch dafür braucht ihr Chef noch einen Moment. Dann wendet er sich Glaube zu und sagt: „Fahr erst in Bannewitz runter und dann auf die Burgker Straße. Die Brücke dort soll noch als letzte befahrbar gewesen sein. Vielleicht schaffen wir es mit unserem Auto auch noch rüber." Glaube fährt. Strozniak wundert sich: „Die Brücke liegt doch am anderen Ende der Stadt. Übers Poisental wären wir doch viel schneller am Krankenhaus". Das sieht Klaus Reinhard genauso. Nur hätte er nicht an der Richtigkeit der Entscheidung gezweifelt. Haupt löst die Spannung schnell auf. „Wir sollen an der Dresdner Straße noch eine Frau retten. Die soll irgendwo an der Panschau im Wasser stehen. Die Feuerwehr versucht auch schon, an sie ranzukommen. Denen fehlt aber ein Boot", sagt Haupt. „Und das Schwimmabzeichen", schiebt Strozniak nach. Die Männer lachen. Das entspannt.

Und schon geht es auf der Straße vom Freitaler Stadtteil Burgk steil bergab ins dicht besiedelte Tal. Auf der kurvigen Strecke kachelt das Boot hinterdrein. David Strozniak wendet sich um, für einen prüfenden Blick aus dem Rückfenster. „Hängt's noch dran?", fragt Klaus Reinhard, dabei blickt er aber weiter stur nach vorn, als könne er alles im Auto beobachten, ohne seinen Kopf wenden zu müssen. „Ja, ist gut gesichert", antwortet der Jungspund. Ab und zu kommen den Rettern ein paar Autos entgegen. Das letzte Stück ab dem Kreisverkehr geht es dann geradeaus, direkt auf die Weißeritz zu. Dort unten ist alles dunkel. Dabei müsste es dort viel heller sein. Nicht nur weil in der Straßenschlucht entlang der Weißeritz mehr Leute nebeneinander wohnen als auf den umliegenden Bergen, sondern weil die Dresdner Straße, die Magistrale durch die Stadt, für gewöhnlich stark beleuchtet ist. Jetzt ist alles finster. Nur ein kleiner weißer Kreis leuchtet im Licht des Scheinwerfers auf. Es ist das reflektierende Sperrschild. Die Brücke ist also abgeriegelt. „Fahr mal so nah ran wie möglich", fordert Haupt. Sie schlängeln sich an dem Sperrschild vorbei und rollen langsam auf das schwarze Wasser zu. Der Flusslauf ist für Unkundige nicht mehr erkennbar. Im Scheinwerferkegel tauchen jedoch zwei Geländer auf, die aus dem Wasser ragen. Das muss die Brücke über den Fluss sein, die nun auch überschwemmt ist. Ob sie beschädigt oder immer noch befahrbar ist, kann man nicht erkennen. Die schlammige Suppe darüber ist undurchsichtig. Mit dem Vorderrad bereits im Wasser, stoppt das Auto. Haupt weist David Strozniak und Paul Meiche an, das Boot von der Anhängerkupplung loszumachen und zum Einschiffen vorzubereiten. Die anderen drei bleiben im Auto sitzen und hängen sich zur Seite aus den heruntergedrehten Fenstern heraus. Dann rollt das Allradfahrzeug ganz langsam ins Wasser vor. Glaube hat den Schalthebel fest im Griff, jederzeit bereit, den Rückwärtsgang einzuwerfen, falls es etwas abwärts geht. Konzentriert blicken alle auf das Wasser unmittelbar vor ihnen, das quer zur Straße vorbeizieht. Hier meinen es die Fluten noch milde. Dem Auto könnten sie wohl nichts anhaben. Klaus Reinhard ist es offensichtlich unheimlich, dass man nicht sieht, worauf man gerade fährt. Ist die Straße noch unter ihnen, oder ist der Asphalt bereits weggebrochen? So wie sie es vorhin bei Ulbersdorf schon erlebt haben. „Ich steig mal aus und gehe vor", sagt Klaus Reinhard. Glaube stoppt. Andreas Haupt sondiert das Gelände. Jetzt schaut auch er weiter vorwärts, über das alte Flussbett der Weißeritz hinweg und das in der Strömung ächzende Brückengeländer. Noch etwa fünfzig Meter weiter vor ihnen verläuft die Dresdner Straße, auf der Andreas Haupt gehofft hatte, stromaufwärts Richtung Krankenhaus zu kommen. Doch dort fährt kein Auto, sondern treibt eine Mülltonne gemächlich durch den Lichtkegel der Scheinwerfer. Glaube sieht das nicht. Er konzentriert sich zu sehr aufs Fahren und darauf, der Beschaffenheit des Untergrundes nachzuspüren. Auch Klaus Reinhard ist zu sehr mit dem Anziehen seines Tauchanzugs beschäftigt, als dass er die Gefährlichkeit der Straße vor ihnen erkennen könnte. Nur Haupt hat das registriert. Deshalb gibt er das Kommando „Abbruch!" Glaube legt sofort den Rückwärtsgang ein. Das ruckt so sehr, dass Reinhard mit lautem Fluchen gegen die Lehne des Vordersitzes fällt. Meiche und Strozniak können den Bootsanhänger gerade noch zur Seite zerren, so schnell kommt ihnen das Auto entgegen, das auf dem Trockenen wieder stehen bleibt. „Mit dem Auto kommen wir da nicht mehr lang", erklärt Haupt die Aktion. „Da schwimmen schon Mülltonnen vorbei, da kann uns auch unser Allradauto nicht mehr helfen, selbst wenn wir es hier über die Brücke schaffen würden." Haupt steigt aus dem Auto aus und sagt: „Dann fahren wir eben von hier mit dem Boot." Bevor sie es ins Wasser lassen, laden sie noch jede Menge Ausrüstung um, die sie möglicherweise bei der Evakuierung des Krankenhauses gebrauchen könnten. Der Chef wirft noch einen suchenden Blick ins Auto, ob auch nichts Wichtiges liegen geblieben ist. Dann hieven sie zu fünft das Boot vom Anhänger ins schwarze Wasser. Glaube hält das Schlauchboot vom Ufer aus an einem Seil, bis Haupt, Strozniak und Reinhard eingestiegen sind. Erst als auch der Motor läuft, wirft er das Seil ins Boot. In dem liegen zwar auch zwei Paddel, doch die sind bei dieser starken Strömung nur ein Placebo. Ohne den Motor würden sie in Gefahr geraten, hilflos wie ein Papierschiffchen in einem Gebirgsbach in der Weißeritz treiben. Alles klappt. Das Boot kommt schnell vorwärts und verschwindet schließlich um eine Hausecke an der Dresdner Straße herum aus Glaubes Blickfeld.

Strozniak liegt ganz vorn im Boot, das Gesicht kaum über die Planken erhoben. Er hat eine Lampe in der Hand, mit der er die Fahrrinne auf der versunkenen Straße ausleuchtet. Klaus Reinhard steuert. In der Mitte des Bootes steht Haupt. Breitbeinig wie ein Kapitän in rauer See versucht er, das Schaukeln leicht in die Knie gehend auszugleichen. Auch er hat einen Strahler in der Hand. Mit seinen Armbewegungen gibt er Reinhard die Lenkbewegungen vor. Das Boot muss größeren Gegenständen ausweichen. Aus seiner Position am Heck hat Reinhard aber zu schlechte Sicht. Trotz aller Kommandos rumpelt es immer wieder unter dem Rumpf. Haupt ist sich nicht sicher, ob das immer Treibgut ist. Manchmal hat er das Gefühl, dass das Boot auf der Straße aufsetzt. Die See ist erstaunlich ruhig. Strudel und Wellen bilden sich eigentlich nur, wo die Fluten auf Widerstand treffen, an Hausecken, Wegweisern und liegen gebliebenen Autos. Die Bootscrew zieht an leeren Wohnhäusern vorbei. Hier sind die Fenster nicht nur heute dunkel. Direkt an der Hauptstraße ist es für die Hausbesitzer schwer, Mieter zu finden. Doch auch am Kino Capitol ist die Kulisse der Stadt gespenstig farblos. Daran ändern auch die Funzeln der Rettungstaucher nichts.

Plötzlich wird zurückgefunzelt. Von der Häuserfront gegenüber des Kinos. Dort hat tatsächlich ein Boot an einem Erdgeschossfenster festgemacht. Es ist das Blechboot der Wasserwacht. Auch das war mit drei Mann Besatzung unterwegs zum Krankenhaus, aber vergeblich. Das Rauschen der Fluten und der Außenbordmotor sind zu laut, sodass die beiden Trupps die Rufe der jeweils anderen Besatzung nicht verstehen. Reinhard lenkt das Schlauchboot zu seinen Kameraden. Dort versucht einer, den Ansaugkasten irgendwie zu reinigen. Das Blechboot ist normalerweise für sehr flaches Wasser geeignet, denn es hat einen Ansaugmotor. Deshalb braucht das Boot weniger Tiefgang als ein Boot mit Schiffsschraube oder Außenborder. Nur schwimmt hier auf der Straße zu viel Unrat rum. Eine große Folie hat den Ansaugkasten verstopft. Der Motor ist abgesoffen. Mit Müh und Not hat sich die Crew an die Hauswand gerettet, machte das Boot an einem Fallrohr fest. Mit vereinten Kräften gelingt es, die Folie rauszupulen. Dann kommt ein Funkspruch übers Funkgerät, dass in Potschappel bei einer Luftrettung eine Person aus einem Rettungsseil gerutscht ist und in die Weißeritz gestürzt sei. Sofort werde ein Boot gebraucht. Die Truppe muss sich wieder trennen. Haupt sucht mit dem Schlauchboot nach der Frau, die stromaufwärts an der Panschau im Wasser steht. Sein Stellvertreter, Ingo Hasler, rast mit dem Aluminiumboot stromabwärts Richtung Potschappel.

Kaum haben sich die Boote ein paar Meter voneinander entfernt, können sie sich schon nicht mehr sehen oder hören. Reinhard lenkt das Schlauchboot wieder mitten in den Strom, dahin, wo sein Chef glaubt, dass das Wasser am tiefsten ist. Nach dem Straßenknick hinter dem Kino sehen sie Licht. Es kommt von einem Feuerwehrauto. Von Weitem erkennen die Rettungstaucher, dass es eine Drehleiter ist, die quer über die Straße voll ausgefahren wurde. Das muss die Stelle sein, an der die Kollegen von der Feuerwehr um die Rettung der Frau kämpfen. In wenigen Augenblicken sind auch Haupt, Strozniak und Reinhard vor Ort. Sie versuchen schon, die Lage an beiden Ufern zu sondieren. Da scheppert der Rumpf auf den Asphalt. Haupt stürzt nach vorn. Doch bevor einer der Männer lauthals auf den Bootsmann schimpfen kann, bäumt sich wie aus dem Nichts kommend eine Welle vor ihnen auf. Klaus Reinhard sticht genau hinein. Dennoch wird das kleine Boot zur Seite geworfen. Kurz darauf platscht eine riesige Ladung Flutwasser ins Boot. Die zwei im Bug Liegenden können gerade noch das Gesicht wegdrehen und bekommen die Welle ins Genick. Der Steuermann nimmt eine Frontaldusche. Läppisch, denkt sich Klaus Reinhard. Doch plötzlich stottert der Motor. Ein Gurgeln und Stille. Der Antrieb hat sich offensichtlich an der Flutwelle verschluckt. Schlagartig geht es rückwärts. Wie ein Hölzchen wird das Boot jetzt von den Fluten mitgenommen. An Lenken ist nicht zu denken. Der Motor muss so schnell wie möglich wieder angeworfen werden. Das ist die einzige Chance, um nicht an einer Hauswand zu zerschellen oder durch eine Schaufensterscheibe geschleudert zu werden. „Licht!", schreit Reinhard. Strozniak leuchtet ins Heck. Beinahe knietief steht die undurchsichtige Brühe im Boot. Sämtliche Ausrüstung ist nass. Unermüdlich versucht Reinhard, den Motor zu starten. Haupt sucht unter Wasser nach einem der kurzen Paddel. Damit will er das treibende Boot irgendwie an Land dirigieren. Strozniak gibt weiter Licht. Das Kino kommt näher. Haupt schuftet am Paddel. Doch das Boot dreht sich kaum und wird immer schneller. Keiner sagt was. Alle wissen, dass sie gleich jeder auf sich allein gestellt sein werden, wenn das Boot gegen das Gebäude kracht und kippen wird. Strozniak zieht den Reißverschluss seines Tauchanzugs bis oben hin zu. Zündung. Lautes Geknatter. Der Motor läuft wieder. Reinhard drückt das Ruder rüber. Das Boot biegt ab. Glück gehabt. „Yeeha", schreit Strozniak wie ein Cowboy vor Erleichterung. „Soll ich umdrehen?", fragt Reinhard am Ruder. „Abbruch. Versuche mal, zurück zum Auto zu kommen", kommandiert Haupt.

Glaube steht tatsächlich noch mit dem Auto an der Burgker Straße. Die Rücklichter sind gut zu erkennen. Paul Meiche und Lars Glaube haben den leeren Bootsanhänger wieder ans Auto gekoppelt. Zwei Minuten später und sie wären wohl weg gewesen. Von der versunkenen Straße aus muss das Boot aber wieder über den alten Flusslauf, um bei Glaube an Land gehen zu können. Strozniak liegt wieder vorn im Bug und leuchtet die Fahrrinne aus. Zur Orientierung suchen die Bootsmänner das Brückengeländer, das eben noch so markant aus dem Wasser ragte. Doch sie finden es nicht. Entweder ist das Wasser mit der Monsterwelle zwischenzeitlich extrem gestiegen oder das Geländer hat dem Druck nachgegeben und ist umgeknickt. Dann gibt Haupt das Kommando, wesentlich früher als vorhin die Strömung zu queren. Zwischen Hauswand und Baum wird es eng. Der Rumpf quietscht an der Rinde. Die Männer müssen sich bücken, um den Peitschenhieben der Äste auszuweichen, die aus dem Wasser ragen. Mit Volldampf steuert Reinhard direkt auf die Uferböschung am Stadion des Friedens zu, das unmittelbar an der Weißeritz liegt. Die vermeintliche Uferböschung entpuppt sich als die begrünte Rückseite der kleinen Stadiontraversen. Vier, fünf Bankreihen hintereinander sind hier für die Stadionzuschauer auf dem Erdwall errichtet. Ganz oben ist jetzt der Liegeplatz des Schlauchbootes der Rettungstaucher. Sie zerren das Boot komplett aus dem Fluss. Das ist extrem anstrengend. Noch immer steht das Boot halb voller Wasser und die Ausrüstung hat auch ihr Gewicht. Die Fluten haben auch schon einen Weg ins Stadion gefunden. Dort steht es allerdings wesentlich flacher. So flach, dass Glaube den Kollegen am Boot auf der gefluteten Tartanbahn entgegengefahren kommt. „Jemand ein Taxi bestellt?", ruft er aus der Fahrerkabine. Seinen vier Kollegen laufen die Schweiß- und Wasserperlen von Gesicht und Körper herab. Zum Lachen ist niemandem. „Alles aufladen. Wir versuchen das Ganze noch mal weiter flussaufwärts am Neumarkt", sagt Haupt. Niemand wundert sich. So schnell gibt ihr Chef nicht auf.

Die letzte Option

Über die Otto-Dix-Straße rast der gelbe Nissan Patrol Richtung Leßkestraße. Die Ausrüstung der Rettungstaucher ist tropfnass. Aus dem Heck ihres Allradautos rinnt Wasser. Alle Technik ist aus dem Boot wieder zurück im Auto. Die Aktion Schifffahrt auf der Dresdner Straße hätten sich die Männer sparen können. Doch sie wussten es ja nicht besser. In so einer Situation waren sie noch nie. Das gab es in keiner Übung. Bootfahren auf der Straße. Auch die Feuerwehrleute sind bei ihrem Versuch gescheitert, die junge Frau über die Drehleiter aus dem Wasser zu retten. Den Männern vom Technischen Hilfswerk ergeht es nicht besser. Mit einem Bergefahrzeug schaffen sie es zwar am Neumarkt durch die Fluten über die Dresdner Straße zu kommen. An der Panschau aber nicht. Hier ist ein Gefälle, das Wasser wird schneller. Hier ist das Gelände enger, der Wasserspiegel steigt. Das wirft sogar den Zehntonner des THW aus der Spur. Mit Mühe schafft es der Fahrer, den Lkw wieder hoch auf den Neumarkt zu bugsieren. Die Helfer reißen einen Zaun ein, um einen Umweg über den Hof der DRK-Geschäftsstelle auf den Platz an der Panschau zu finden. Sie müssen dort mit dem Auto wieder ins Wasser. Das Bergefahrzeug hat zwar eine große Unterbodenfreiheit, doch der Fahrer kann in der karamellbraunen Strömung nicht erkennen, ob vom Weißeritzufer schon Stücke abgebrochen sind. Und die Helfer müssen immer näher an die Kante ran. Die Nord-West-Ecke des Panschau-Hauses steht höchstens zehn Meter von der Weißeritz entfernt. Genau dort springt der Fluss aus seinem Bett. Genau dort ist die Erosion des Ufers am größten. Das THW-Auto muss sich nahe am Gebäude halten. Bis es vor einer Treppe steht. Hier kommt kein Fahrzeug weiter. Die junge Frau ist einfach nicht erreichbar. Wie ist sie nur dort hingekommen? Die Helfer vom THW sind ratlos.

Das haben Andreas Haupt und seine Männer von der Wasserwacht über Funk mitbekommen. Jetzt fahren sie unterhalb des Windberges mit ihrem Geländewagen zum Seniorenheim an der Leßkestraße. Es ist das einzige Gebäude auf dieser Seite der Weißeritz. Von dort kann man über den Fluss bis zum Platz an der Panschau blicken. Vielleicht können die Retter ja von hier aus sehen, wo ihre Hilfe genau benötigt wird. Vielleicht sehen sie ja sogar die junge Frau. Das Ufer am Leßkeheim ist fast zwei Meter höher als auf der anderen Seite. Außer den Scheinwerfern des gestrandeten THW-Autos, das mühsam wendet, sehen sie aber nichts. Lars Glaube kann bis an die Böschung heranfahren. Allradantrieb macht ihn mutig. Der Chef der Rettungstaucher muss die Forschheit des Fahrers bremsen. Das Ufer ist komplett durchgeweicht. Die Grasnabe der Böschung könnte jederzeit abrutschen. Die Last des Autos ist groß. Die Frontscheinwerfer auf den Fluss gerichtet, bezieht das Auto Stellung. Die Männer staunen. Die Fußgängerbrücke, die das Hochhaus der Senioren mit dem Handelskomplex an der Panschau verbindet, steht noch. Es sind zwar nur wenige Zentimeter, aber sie ragt noch aus den Wassermassen heraus. An den Widerlagern muss die Brücke aber harte Einschläge hinnehmen. Was an Treibgut ankommt, presst der Wasserdruck nieder. Mit einem schauerlichen Schaben signiert der Müll dann sein irres Dasein an der Unterseite der schmalen Brücke. Ob alles auch wieder an der anderen Seite hervorquillt oder sich unter der Brücke staut, kann man schlecht erkennen. Das Auto steht so steil am Ufer, dass das direkte Licht der Scheinwerfer über die Wasseroberfläche hinwegstrahlt. Dort unten im Halbdunkel des Flussbetts kommt es nur gebrochen an.

Der Chef der Wasserwacht weist seine Leute an, wieder die Sicherungsseile klarzumachen. „Aber schneid' es nicht wieder ab", sagt Glaube, „so viele haben wir nicht." Sein Chef tritt daraufhin mit ernstem Blick an ihn heran, nimmt den wesentlich kleineren Glaube mit väterlichem Habitus in den Arm, blickt zu ihm runter und sagt: „Dann kaufen wir ein neues. Ist doch nicht so schlimm, wenn mal was kaputt geht. Deswegen braucht keiner zu weinen, oder?" Ohne eine Reaktion abzuwarten, macht sich Andreas Haupt weiter für den Gang ins Wasser fertig. Mit großer Geste, dass es jeder der Umstehenden sehen kann, steckt er sein Messer in den Schaft seines Taucheranzuges. Klaus Reinhard schmunzelt. Lars Glaube trollt sich. Andreas Haupt nimmt wieder seinen erfahrenen Kollegen Klaus Reinhard mit an die Wasserfront. Die Sicherungsseile sind sechzig Meter lang. Das müsste bis hinunter zur Dresdner Straße reichen. Paul Meiche hält den Funkkontakt. David Strozniak und Lars Glaube sichern ihre beiden Kollegen von einem kräftigen Baum aus. Gerade als es losgehen soll, scheppert ein Schrottcontainer gegen die schmale Fußgängerbrücke und verkeilt sich. Die Wassermassen stürzen sich sofort in den Behälter und nehmen ihn als Schild im Angriff auf die ächzende Brücke. Das etwa fünfzehn Meter lange Bauwerk ist der einzige Weg zu der jungen Frau, die sie retten sollen. Die Brücke muss standhalten. Der kratzende Kampf der Stahlkonstruktionen ist so laut, dass es sogar das Rauschen des Hochwassers übertönt. Haupt winkt zu Meiche rüber, macht einen langen Arm und greift nach Luft. Der junge Funker versteht sofort. Er soll einen Kran ordern, der den Container rausfischen soll, bevor dieser die Brücke zerdrückt. Das kann dauern. Hoffentlich hält die Brücke so lange durch. Würden Haupt und

Reinhard jetzt loslaufen, würden sie sich in Lebensgefahr begeben. Zwischen den Trümmern einer einstürzenden Brücke hilft auch kein Sicherungsseil mehr. Der Container muss den Kampf aufgeben. Die starke Strömung drückt ihn unter Wasser und unter die Brücke durch. Das Kratzen der Metallkörper aneinander geht durch Mark und Bein. „Wie Fingernägel an der Schultafel", sagt Glaube zu seinem schockierten Sicherungspartner. Es ist das letzte Fluchen des Behälters über seine Niederlage.

Jetzt heißt es nichts wie rüber. Jeden Moment könnte das nächste Geschoss an der Brücke einschlagen. Das Wasser steigt. Es gräbt unaufhörlich an den Widerlagern der Fußgängerbrücke. Haupt und Reinhard sind im Laufschritt auf der anderen Seite des Flusses angelangt. Theoretisch jedenfalls, denn vor ihnen, am Treppenabgang der Brücke, ist überall Wasser. Vor ihnen ist schwarzes Nichts. Doch aus dieser Finsternis dringen Schreie bis zu ihnen hin. Dorthin müssen sie sich durchschlagen. Wenn die beiden Retter nur mehr sehen könnten. Wenn sie nur wüssten, wie tief die Brühe vor ihren Füßen ist. Bevor sie den ersten Schritt tun, zieht Haupt noch mal am Sicherungsseil, um sicherzugehen, dass Glaube und Strozniak am anderen Ende auch voll bei der Sache sind. Es gibt keinen Widerstand. Meter um Meter zieht Haupt das schlaffe Seil heran. Plötzlich kommen zwei Schatten über die Brücke auf ihn zu gerannt. Es sind Glaube und Strozniak mit den Seilenden. „Ich habe noch nie in meinem Leben so einen Bammel gehabt", sagt Glaube, als er vor seinem verblüfften Chef steht. Strozniak liefert die Erklärung für die Eigenmächtigkeit: „Wir mussten auch rüber. Die Sicherung hätte dort drüben keinen Sinn gemacht, wenn die Brücke einstürzt". „Ist okay, dann kann's ja weitergehen", sagt Haupt trocken. Er scannt die Finsternis, als wären seine Augen Nachtsichtgeräte. Glaube und Strozniak legen das Sicherungsseil um das Treppengeländer. Nur der junge Paul Meiche ist beim Auto auf der anderen Uferseite geblieben. Mit ihren Taschenlampen versuchen die Retter, die Umgebung auszuleuchten. Der Platz fällt nach rechts etwas ab. Dorthin strebt das Wasser. Dort ist es tiefer. Von links kommt die Strömung. Sich dagegen vorzukämpfen, ist schwierig. In der Mitte des kleinen Platzes an der Panschau machen die Retter eine Insel aus. Daraus ragen eine Laterne und zwei kleine Bäume hervor. „Sieht aus wie Alcatraz", sagt Glaube eher fasziniert als albern. „Wir müssen da hin", kommandiert Haupt und gibt mit dem Strahl seiner Taschenlampe die Richtung vor. „Wartet mal. Macht mal die Funzeln aus!", ruft Strozniak energisch dazwischen. Er muss rufen. Sie stehen zwar alle dicht beieinander am Brückenaufgang, aber das Wasser macht so viele Geräusche, dass man besser laut reden sollte, damit die Kollegen einen verstehen. „Macht doch mal die Funzeln aus!", wiederholt Strozniak. Die anderen gehorchen wortlos. „Da ist was", sagt Strozniak und zeigt in Richtung eines Balkons in der zweiten oder dritten Etage der Panschau. Dort oben ist jemand mit einer schwachen Taschenlampe. Sie ist bei Weitem nicht so kräftig wie die der Männer von der Wasserwacht. Aber man kann sie erkennen. Die Person leuchtet in Richtung der Retter, wackelt dann mit der Lampe. Er will den Männern zu verstehen geben, dass er sie erkannt hat. Dann schwenkt er sein Lichtlein an eine Stelle rüber zur Dresdner Straße. Wohin genau können die Retter aber nicht erkennen. „Dort drüben ist auch was", ruft Glaube. Vom Wohnblock an der rechten Flanke schimmert auch ein Licht von einem Balkon nach vorn an die Dresdner Straße. Es könnte dieselbe Stelle sein, auf die die Person vom anderen Balkon weist. „Los jetzt", drängt Klaus Reinhard. Dann steigen er und Andreas Haupt in die Strömung. Das Wasser ist nur knietief. Es ist dennoch schwer, sich auf den Beinen zu halten. Es ist ein Balanceakt zwischen der starken Strömung links von den Rettern und dem tiefen Wasser rechts von ihnen. Die beiden Helfer an der Brückentreppe lassen schnell Seil nach. Die erste Etappe ist geschafft. Haupt und Reinhard haben die Insel erreicht. Wie eine Staumauer geben dort auch noch große Betonquader Schutz von der Strömung. In diesen Quadern stehen die Mülltonnen der Anwohner. Die beiden Rettungstaucher versuchen, mit ihren Lampen die zu rettende Person zu orten. Etwa dreißig Meter vor ihnen ist aber nur ein Kasten zu erkennen. Es ist ein Zigarettenautomat. So wie der Kasten aus dem Wasser ragt, muss dort die Flut über einen Meter hoch stehen. Nur einen Menschen können sie nicht erkennen. Sie orientieren sich noch mal an den Taschenlampen von den Balkons. Und sie lauschen. Doch die Rufe von den Balkons und das Gurgeln der Strömung vermischen alles zu einem Rauschbrei. Von den Häusern wird immer wieder auf den Zigarettenautomaten geleuchtet. Sollte dort jemand sein? Haupt und Reinhard rücken ganz nach rechts an den Rand ihrer umtosten Insel. Tatsächlich. Dort ist jemand. Von hier aus können die zwei zum ersten Mal die Person sehen, um deren Leben seit Stunden unzählige Retter kämpfen. Feuerwehr und Technisches Hilfswerk konnten nichts ausrichten. Die Hubschrauber sind nach dem Unglück in Potschappel vorübergehend abgezogen. Die Rettungstaucher der Wasserwacht des DRK sind also die letzte Option.

Mitten aus der Strömung schaut ein Oberkörper heraus. Haupt und Reinhard schauen sich verständnislos an. Wie kann ein Mensch mitten in dieser Strömung stehen, ohne mitgerissen zu werden? Dass es nur eine Statue ist, das kann Andreas Haupt ausschließen. Täglich fährt er an dieser Stelle vorbei zu seinem Büro, in dem er an weniger katastrophalen Tagen arbeitet. Da steht kein Denkmal, das jetzt halb versunken ist. Das muss die Frau sein, die sie aus ihrer misslichen Lage befreien sollen. Irgendetwas muss die Frau aber unter Wasser festhalten, sonst wäre sie nicht mehr dort. Dann fällt Haupt ein, dass in dem Bereich ein Geländer an der Straße verläuft. Das ist nicht mehr zu sehen, so hoch rauscht die Flut über die Fahrbahn. Die Retter verlieren keine Zeit. Andreas Haupt zieht noch mal am Sicherungsseil. Alles in Ordnung. Glaube und Strozniak lassen ihn vorwärts. Dann steigt Haupt tiefer und tiefer in die rasende Flut. Klaus Reinhard sorgt dafür, dass das Seil sicher an seiner Mülltonnen-Festung vorbeiläuft. Andreas Haupt schaut beim Laufen nicht nach vorn, sondern nach links, wo die Strömung allerlei Unrat mitführt. Noch ist er etwas im Strömungsschatten des Wohnblocks links von ihm. Doch je weiter er an die Hauptstraße kommt, desto schwieriger wird es, sich auf den Beinen zu halten. Wie schafft es diese Frau nur, sich gegen die starke Strömung zu wehren? Haupt stoppt unfreiwillig. Das Seil gibt nicht mehr nach. „Mehr Seil!", schreit er in Richtung Klaus Reinhard. Der schreit mit Leibeskräften weiter zur Brücke zu Glaube und Strozniak: „Mehr Seil!" Die rufen ebenso laut zurück: „Das Seil ist alle." Die Retter haben sich verrechnet. Die Leine ist keine sechzig Meter mehr lang. Der Chef hat ja ein Stück abgeschnitten, als er vorhin in Ulberndorf im Wasser stand. Haupt flucht. Schon wieder müssen sie improvisieren. Dann bringt ihn Treibgut ins Straucheln. Klaus Reinhard zieht seinen Chef in flacheres Wasser. Dessen Tauchanzug tut nun gute Dienste. Haupt ist auf dem Rückweg. In ihrem Mülltonnen-Alcatraz beraten die beiden, wie sie weiter vorgehen wollen. Da geben die Kollegen an der Brücke Lichtzeichen. Haupt zieht an dem schlaffen Seil Meter um Meter auf die Insel. Dann ist es straff. „Das müsste reichen", sagt Haupt. Klaus Reinhard winkt mit der Taschenlampe zurück zur Brücke und bedeutet den anderen, dass sie verstanden hätten. Glaube hat kurzerhand die Seilenden am Brückenaufgang zusammengeknüpft. Einer von beiden könnte es jetzt bis zur Straße schaffen.

Haupt unternimmt den nächsten Rettungsversuch. Mehr als zwölf Stunden dauert für ihn und seine Truppe schon der Ernstfall, den niemand geprobt hat. Die Schritte gegen die Wasserkraft werden schwerfälliger. Das Adrenalin schießt zum wiederholten Mal in seine Adern. Der Körper kann aber nicht mehr viel damit anfangen. Er zeigt erste Schwächen. Doch Haupt kämpft weiter, begleitet von den Rufen der Beobachter auf den Balkonen. „Dort drüben ist sie." „Pass auf, da kommt was angeschwommen." „Halte durch, Mädel!" Haupt kann nicht alles verstehen. Aber es treibt ihn an. Bis ihn unter Wasser etwas in die Kniekehle stößt. Er stürzt. Mit wilden Armbewegungen versucht er, den Zigarettenautomaten zu erreichen. Die Strömung ist stärker. Die Lampe, die er weiter fest in der Hand hält, leuchtet jetzt zum Grund des Wassers. Von den Balkonen sieht es aus wie eine kleine Karamellsonne in finsterer Nacht. Dann hängt Haupt am Haken der Kollegen. Die ziehen den Baum von Kerl an seinem Sicherungsseil zurück, bis er kurz vor der Insel wieder auf die Füße kommt. Nur zwei, drei Meter trennten Haupt von der Frau. Doch es ist unmöglich, zu ihr zu gelangen. „Die Strömung ist einfach zu stark", sagt Haupt und sinkt erschöpft in eine Ecke des Mülltonnen-Alcatraz. „Wann kam eigentlich die Meldung von der zu rettenden Person rein?", fragt Reinhard. „Vor etwa drei Stunden. Wieso fragst du?", erwidert Haupt. Reinhard hockt sich zu seinem Chef und sagt: „Das Wasser hat vielleicht fünfzehn Grad. Wenn's hoch kommt. Die erfriert langsam da vorne.“ In der Ausbildung haben sie gelernt, dass man nicht nur im Winter erfrieren kann. Der Kältetod tritt ein, wenn die Körpertemperatur unter siebenundzwanzig Grad fällt. Auch wenn die nur um drei Grad fällt, trübt sich das Bewusstsein schon ein. Die Durchblutung der Gliedmaßen lässt nach, die Gefäße verengen sich. Man hat kaum noch Kontrolle über seine Hände und Beine. Unkontrollierbare Zitterbewegungen sollen Wärme produzieren. Das hat die Natur so eingerichtet, damit die wichtigsten Organe notversorgt werden. Seit einer halben Stunde schuften die Männer jetzt hier im Wasser. Aber sie haben von der Frau noch nicht ein Rufen gehört. Vielleicht ist sie schon gar nicht mehr richtig bei sich. Das vermitteln sich die beiden Retter, ohne miteinander zu reden. Ihre Blicke im Taschenlampenschein sagen alles. Haupt durchbricht schließlich das beredte Schweigen. „Ich weiß nicht, wie ich dahin kommen soll.“ Das sagt er mit einer Verzweiflung in der Stimme, wie sie Klaus Reinhard noch nie zuvor von seinem Chef vernommen hat. „Ich versuch's noch ein einziges Mal“, sagt Reinhard, „dann muss ein Helikopter kommen.“ Die Männer ziehen jetzt an der kürzeren Leine, an der Klaus Reinhard die ganze Zeit über gehangen hat. Was sie auf der einen Seite ziehen, verschwindet auf Haupt seiner Seite ins Dunkel Richtung Brücke.

Klaus Reinhard nimmt einen Weg weiter links. Dort muss er sich zwar mehr gegen die Strömung wehren, doch sollte die ihn umhauen, könnte er Richtung Zigarettenautomat paddeln. Reinhard geht langsam. Erst wenn er sicheren Boden unter den Füßen wähnt, macht er endgültig den nächsten Schritt. Mit ausgebreiteten Armen balanciert er vorwärts und stemmt sich mit aller Kraft gegen die Strömung. Dann ist er raus aus dem Beistand, den ihm der Wohnblock gewährt hat. Vorn an der Straße ist nur noch Wildwasser. Reinhard wankt. Doch bevor er fällt, macht er noch die entscheidenden zwei Schrittsprünge mehr als Haupt und stürzt sich wie ein Besessener auf den halb aus dem Wasser ragenden Automaten. Er packt fest zu und kann sich tatsächlich an dem Kasten halten. Die junge Frau ist zwar noch eine Fußwegbreite von ihm entfernt, doch jetzt kann er ihr Gesicht im Lichtschein seiner Lampe sehen. Es ist ein verängstigtes Mädchengesicht. Vielleicht siebzehn, achtzehn Jahre alt. Sie schaut mit starrem Blick zu Klaus Reinhard rüber. Sagt aber keinen Ton. Reinhard muss kurz verschnaufen. Noch muss er etwa zwei Meter überwinden, um vom Zigarettenautomaten vor zum Straßengeländer zu kommen. „Wie heißt du?“, fragt er, um das sichtlich verwirrte Mädchen bei Laune zu halten. „Anna.“ „Woran hältst du dich fest?“ „An einem Geländer“, haucht Anna mit zitternder Stimme. Reinhard zieht etwa zwei Meter des Sicherungsseiles zu sich und stürzt sich gegen die Strömung in die Fluten. Die reißt den kräftigen Mann sofort weg. Mit wilden Paddelschlägen der Hände schafft es Reinhard, weiter abwärts unter Wasser einen Holm des Geländers zu greifen. Mit seinen fleischigen Händen zieht er sich am glitschigen und kalten Metall zu Anna hin. Er hat sie.

Umklammert wie Ertrinkende lehnen sie am überspülten Geländer. Schon beim ersten Schritt klatschen sie ins Wasser. Ohne die Hände voneinander zu lassen, scharren sie mit den Füßen vorwärts. Wie die Berserker ziehen jetzt die drei anderen am Sicherungsseil. Sie müssen die beiden in flacheres Wasser bekommen, bevor sie keine Luft mehr kriegen. An einer Kante der untergegangenen Blumenrabatte kann sich Reinhard aufrichten. Wie ein Ringer hat er immer noch Anna in seinen Armen fest umklammert. Haupt zerrt am Seil. Glaube und Strozniak brüllen vor Anstrengung. Meter um Meter ziehen sie das Menschenpaket an die rettende Insel heran. Geschafft. Andreas Haupt übernimmt Anna. Jetzt ist auch dessen Sicherungsseil gespannt. Glaube und Strozniak machen einen guten Job. Die drei hängen fest in ihrem Geschirre. Schnell ist die Troika an der Treppe zur Fußgängerbrücke. Noch immer hält sie stand. Glaube und Strozniak rennen rüber, die Seile weiter in der Hand. Erst als sie drüben sind und das Seil wieder gespannt ist, laufen Anna und ihre beiden Retter hinterher. Auf der anderen Seite fallen sie allesamt erschöpft ins nasse Gras hinter der Uferböschung.

Kapitel 6
Die Evakuierung

Kein Wasser, kein Strom

Paul Meiche sieht die rennenden Taschenlampen über die Fußgängerbrücke wackeln. Er greift sich aus dem Auto eine Decke, läuft zu Anna hin und legt sie ihr um. Darüber noch eine Folie, die die Wärme festhalten soll. Anna steht als erste wieder aus dem Gras auf und lässt sich von Paul Meiche zum Auto der Wasserwacht begleiten. Die erschöpften Retter wissen sie nun in guten Händen. Das Auto steht auf dem hell erleuchteten Parkplatz vor dem Leßkeheim. Anna findet es merkwürdig, dass die Männer, die sie gerettet haben, noch in dem nassen Gras liegen. Die Nacht ist frisch. Auf dem Parkplatz ist viel Trubel. Das Heim wird zur Evakuierung vorbereitet. Dort steht auch ein großes Bergefahrzeug des THW. Paul Meiche fragt dort nach, ob sie etwas heißen Tee hätten. Anna mischt sich ein und erklärt, dass sie unbedingt auf die andere Seite der Weißeritz müsse, weil sie nicht wisse, was mit ihren Großeltern sei. Außerdem stehe dort ihr Auto gefährlich nahe am Wasser. Sie müsse es unbedingt wegfahren, wegen der Umwelt und so. Paul Meiche staunt, wie klar Anna denkt, wo sie doch gerade so viel durchmachen musste. Die Erschöpfung ist noch fern. Annas Körper produziert immer noch Glücksgefühle. Die machen sie stark, geradezu unbezwingbar. Als Anna mitbekommt, dass das Bergefahrzeug an der Brücke Leßkestraße wieder auf die andere Seite der Weißeritz fährt, klettert sie sofort mit ihrer Decke über dem Arm auf die Ladefläche. Paul Meiche hat das gar nicht mitbekommen. Er versucht, im Leßkeheim ein heißes Getränk aufzutreiben. Der Rest seines Trupps hat sich wieder aufgerappelt und sammelt sich am Geländewagen der Wasserwacht. Keiner bemerkt, wie das THW-Auto mit Anna davonfährt.

„Halt! Anhalten!“, schreit Anna, als sie merkt, dass das Auto auf der anderen Flussseite angekommen ist, aber weiter Richtung Zauckerode fährt. Das Bergefahrzeug stoppt. „Was isnn los, Mädchen?“, fragt ein Helfer, der mit ihr auf der Ladefläche sitzt. „Ich muss wieder vor zur

Weißeritz. Da ist doch noch mein Freund." Anna steht. Sie wäre beinahe schon vom Lkw gesprungen, hätte der Mann auf der Ladefläche sie nicht festgehalten. „Was machst du denn? Du kannst doch nicht schon wieder ins Wasser gehen. Da haben die dich doch gerade erst rausgeholt. Was ist denn mit dir los? Du bist ja völlig durch den Wind", sagt der Helfer. „Na, wegen Stephan und den Großeltern und wegen dem Auto." Der Fahrer lässt sich von Annas Wagemut anstecken und fährt an der Schachtstraße noch mal runter zur gefluteten Dresdner Straße. Sie sitzt inzwischen mit in der Fahrerkabine und ruft: „Dort! Dort ist er." Anna zeigt vor an die Straße. Es ist sehr finster. Zu sehen ist nur, was das Licht der Autoscheinwerfer erfasst. Das schwarze Wasser schwappt in kleinen Wellen das Gefälle der Schachtstraße hoch. Mitten in den Fluten steht Stephan. Er klammert sich am Mast der Fußgängerampel fest. Den Bauch an den Stahl gedrückt. Seine Beine sind etwas nach hinten abgeknickt. Es sieht so aus, als würde er auf dem Wasser stehen. Mit seinen Füßen sucht Stephan Halt auf dem oberen Holm eines Geländers. „Wie ist der denn da hingekommen?", fragt der Beifahrer. „Ach, das ist eine lange Geschichte", antwortet Anna. Dafür ist keine Zeit.

Die Wassertiefe ist für die Helfer nicht das Problem. Das würde das Auto noch schaffen. Kritisch könnte aber die Strömung werden. „Das geht da ganz schön ab", sagt der Fahrer und stoppt. Stephan ist im Scheinwerferlicht genau zu erkennen. Doch er kann nicht mal winken. Er braucht beide Hände, um sich festzuhalten. Wie das Kind, das sich am Ende seiner Balancierbahn nicht mehr alleine runtertraut und ängstlich nach den Eltern Ausschau hält. Stephan muss ständig mit seinen Füßen nachrutschen, weil ihn das fließende Wasser stürzen will. Vom Treibgut ganz zu schweigen, das ab und zu gegen die Holme prallt. Zum Glück poltern die größten Stücke mitten in der Strömung vorbei. Das Bergefahrzeug wendet und fährt im Schritttempo rückwärts an Stephan heran. Im Idealfall könnte er direkt von seinem Ampelmast auf die Ladefläche steigen. Dazu müsste das Auto aber nahe genug herankommen. Auf der Ladefläche steht ein Helfer. Er hat ein Seil in der Hand, locker aufgewickelt wie ein Lasso. Für den Notfall. Falls sie es doch nicht bis zur Ampel schaffen sollten. Der Fahrer hält den Kopf aus dem Fenster raus und schaut nach hinten. Anna unterstützt mit einer Lampe die halbstarken Rückfahrscheinwerfer. Der Fahrer wägt das Risiko ab. Die Drehleiter der Feuerwehr hat ein ähnliches Manöver vorhin nicht geschafft. Das THW-Auto hat größere Unterbodenfreiheit. Es schiebt sich ganz nah an den Hausfassaden in der Seitenstraße vor zu Stephan. „Nur noch zwei Meter", ruft der Helfer von der Ladefläche. Der Fahrer hält den Schaltknüppel fest in der Hand. Sowie sie rutschen oder das Kommando kommt, dass die Person geborgen ist, wird er den Vorwärtsgang einwerfen und ins Trockene starten. „Nimm meine Hand!" Doch Stephan traut sich noch nicht, loszulassen. Wenn er jetzt abrutscht und ins Wasser fällt, war alles umsonst. „Noch ein kleines Stück", ruft der Helfer zum Fahrer vor. Dann lehnt er sich noch weiter von der Ladefläche ins Freie, bis er Stephans kalte Hand am Mast greifen kann. Der Helfer zieht. Stephan springt, halb ausrutschend. Beide purzeln in den Lkw. Gang rein. Gas geben. Raus aus dem Wasser. Kurz darauf bleibt das Auto schon wieder stehen. Eine Tür der Fahrerkabine klappt. „Was ist mit Anna?", fragt Stephan, seinen Retter. „Das Mädchen aus dem Wasser?", fragt der zurück. „Ja. Sie war auf der anderen Seite." „Meinst du sie?" Der Helfer zeigt raus auf die Straße. Vor der Ladefläche steht Anna. Die Haare nass und zerzaust. Nur der Kopf guckt aus ihrer Wärmepellerine heraus. Sie strahlt Stephan an. Es ist ein glückliches Lächeln. Es ist ein „Siehst du, da bin ich"-Lächeln. Ein „Na, wie habe ich das gemacht"-Lächeln. Stephan strahlt zurück, springt vom Auto und nimmt Anna fest in die Arme. Sie lebt. Doch nicht Stephan, sondern Anna sagt: „Wir haben dich gerettet." Stephan ist zu geschafft, um sich über den Rollenwechsel zu wundern, dass Anna von der Geretteten flugs zur Retterin wird. Sie verabschieden sich von den Helfern und erklären, dass sie über das obere Ende der abgewinkelten Straße Am Glaswerk zu den Großeltern gehen. „Wo wohnen denn deine Großeltern?", fragt der Truppführer. „Die wohnen dort drüben am Glaswerk", antwortet Anna und zeigt in die Dunkelheit. „Dort sollten sie besser weg", sagt der Truppführer, „das Viertel hier wird evakuiert. Alle sollen sich an der Schule in Zauckerode oder am Berufsschulzentrum in Burgk melden. Wir können euch alle gleich mitnehmen." Anna wiegelt ab. Sie würde ihre Großeltern schon dorthin bringen, wenn es nötig wäre. Das Haus stehe ja noch. Sie wohnen doch außerdem im ersten Stock. So hoch käme das Wasser ja nun wirklich nicht. Anna spricht schon wieder, als wäre nichts gewesen. Schon ist das Pärchen in der Dunkelheit der Nacht verschwunden. Nur die glänzende Wärmefolie, in die sie eingewickelt sind, ist noch eine Weile auszumachen.

Die THW-Leute diskutieren. Per Funk wird ihnen bestätigt, dass zwar alle Wohnungen entlang der Dresdner Straße evakuiert wurden. In den Seitenstraßen aber noch nicht. Die Helfer wollen sich ein Bild von der Lage machen und fahren Anna und Stephan hinterher. „Prima, die machen uns Licht“, sagt Anna zu Stephan. Mit den Füßen stehen sie in einer tiefen Pfütze. Es geht zwei Stufen hoch zur Tür zum Mietshaus der Großeltern. Anna schließt auf und tastet nach dem Schalter. Vergeblich versucht sie, im Treppenhaus Licht zu machen. An. Aus. An. Aus. Immer wieder. „So ein Mist“, flucht sie. Inzwischen sind die THW-Leute vom Auto runtergesprungen und mit ihren Taschenlampen da. „Hier sind alle Leitungen abgeklemmt. Es wäre wirklich besser, wenn ihr mit uns kämt“, sagt der Truppführer. „Meine Großeltern schlafen doch“, fährt ihn Anna an. „Dann wecken Sie sie eben“, antwortet dieser. „So weit kommt’s noch“, wehrt sich Anna und bleibt mitten auf der Treppe stehen, als wäre sie bockig. Das hindert die Helfer aber nicht daran, ihre Arbeit zu tun. Im Erdgeschoss hämmert einer gegen die Wohnungstür. „Das können Sie sich sparen. Die Wohnung ist schon lange nicht vermietet“, ruft Anna hinunter, „nur die oberen Wohnungen sind bewohnt.“ Während der Truppführer an die Wohnungstür der Großeltern pocht, läuft ein anderer ins oberste Geschoss und klopft dort. „Sie brauchen hier nicht klopfen. Ich habe einen Schlüssel“, sagt Anna beleidigt zum Truppführer und drängelt sich vorbei. Auch in der Wohnung knipst sie mehrmals am Lichtschalter herum. Nichts passiert. Plötzlich steht Oma Uschi im Korridor im Schein der Taschenlampe. Sie hat einen Morgenrock an und sieht verschlafen aus. „Was ist denn los? Kurt, komm mal schnell!“ Oma Uschi sieht mit zugekniffenen Augen in das grelle Licht der Taschenlampe. „Wir sind’s, Oma“, sagt Anna und nimmt die sichtlich verwirrte Frau in den Arm. „Wegen des Hochwassers haben sie überall den Strom abgeschaltet", erklärt Anna. Sie suchen Streichhölzer und zünden ein paar Kerzen an. Sofort erklärt ihr der Truppführer, dass sie ein paar Sachen zusammenpacken sollen. Ihre Sicherheit könne hier nicht mehr garantiert werden. Alle überschwemmten Häuser würden evakuiert. In Hainsberg sei bereits ein Haus in die Fluten gestürzt. „Warum ist denn kein Licht?", fragt Opa Kurt, als er im Schlafanzug in den Korridor tritt. „Wir sollen hier raus. Wegen des Hochwassers", sagt Oma Uschi. „Wo ist Hochwasser?" „Überall ist Wasser", sagt der Truppführer. „Also, ich finde es hier ziemlich trocken", sagt Opa Kurt und guckt sich um. „Ich kann ihnen nur raten mitzukommen. Wir können sie nicht zwingen. Aber die Polizei kann es", erklärt der Truppführer ruhig. Er lässt sich von dem schelmischen Grinsen von Opa Kurt nicht beeindrucken. In fünfzehn Minuten gehe es los. Dann fahren sie alle Evakuierten hoch zur Schillerschule in Zauckerode. Dort werden alle von dieser Flussseite untergebracht. „Da können Sie auch duschen", sagt der Truppführer zu Anna gerichtet. Die steht im Halbdunkel zitternd in ihrem zerrissenen und nassen Kleid. Dann verschwindet sie im Bad und probiert, ob Wasser aus dem Hahn kommt. Es gurgelt. Der Wasserhahn tropft nur. „Oma, pack ein paar Handtücher ein. Wir fahren mit", ruft sie in den Flur.

Fünfzehn Minuten später wankt Stephan mit Rucksack und zwei Reisetaschen bepackt das Treppenhaus hinunter. Anna, in trockenen Sachen und Oma Uschi mit Taschenlampe traben hinterher. Am Ende stampft Opa Kurt die Stufen runter. So kennt ihn Stephan gar nicht. Er flucht ohne Unterlass. Nicht darüber, dass die Frauen sich durchgesetzt haben, sondern über diesen aufgeblasenen Uniformierten. Was der sich einbildet, hier Leute mitten in der Nacht auf die Straße zu schicken. Wegen Stromausfall. Wegen Wasserausfall. „So was hatten wir schon so oft." Deswegen evakuiert man doch nicht. Was das alles kostet. Im Haus sei doch alles trocken. Oder drohe die Staumauer der Talsperre Malter zu brechen? Nur dann wäre das Haus ernsthaft in Gefahr. „Bricht die Talsperre?" „Nein, keine Bange, Herr Winkler." „Na, sehen Sie. Deshalb brauchen wir doch auch nicht hier weg. Hier ist kein Hochwasser." Dann kommt er an die Kellertreppe.

„Hier, leuchte mal hier hin", sagt er zu Oma Uschi und öffnet die Tür zum Keller. Sein Fluchen endet abrupt. Alle Augenpaare schauen stumm auf einen Wasserspiegel, wo normalerweise die Treppe zum Keller sein sollte. Das Wasser ruht wie ein See. Gerade mal zwei Stufen sind noch zu sehen. Der kreisrunde Schein der Taschenlampe zittert über das karamellbraune Wasser. Oma Uschi laufen zwei Tränen über die Wangen. Anna, Stephan und sie schauen zu Opa Kurt. Der schweigt. Aber diesmal anders als oben in der Wohnung in seinem Sessel. Das Schweigen ist viel schwerer, so belastend, dass Stephan es kaum aushält. Er muss etwas sagen, um diese Anspannung zu lösen. „So eine Scheiße!" Was Besseres ist ihm nicht eingefallen. „Das kannst du wohl laut sagen", stimmt Anna ein. Da bricht auch Oma Uschi dieses eisige Schweigen: „Das kann doch nicht sein. Wie kann das sein? Das geht doch gar nicht. Das gab es doch noch nie." Freital hat schon schwere Hochwasser erlebt. Opa Kurts Keller noch nie. „Ist doch nur der Keller." Keiner traut sich diesen beschwichtigenden Satz zu sagen. Anna war lange nicht mehr in diesem Keller. Doch auch sie weiß, dass es für Opa Kurt ein besonderer Lebensraum ist. Eine emotionale Zufluchtsstätte. Die Verbindung dahin ist nun getrennt. Der materielle Verlust ist mit Sicherheit zu verkraften. Unerträglich ist diese Machtlosigkeit, die Unverschämtheit dieses so friedlich wirkenden Wassers. Einfach in Opa Kurts Privatsphäre einzudringen, ohne Vorwarnung, ohne Mitgefühl. Ein THW-Helfer beendet teilnahmslos die kurze Trauer. „Kann's losgehen?" Die vier steigen mit ihren Taschen auf den Lkw. Der Morgen dämmert.

Kaltes Zuhause

„Hier halte ich es keine Nacht mehr aus." Anna ist sichtlich genervt. „Bei diesem Geschnarche kann doch kein Mensch schlafen. Dass die nicht von ihrem eigenen Lärm aufwachen." Nach einem kurzen Abstecher nach Zauckerode sind sie doch im Berufsschulzentrum in Burgk gelandet. Am ersten Tag in der Notunterkunft hat Stephan nur geschlafen. Auf einer Pritsche in einer Ecke. Er hat nichts gehört. Seine Erschöpfung hat ihn taub gemacht. Die Großeltern sitzen den ganzen Tag lang nahe der Weißeritz. Jeden Zentimeter, den das Wasser zurückgeht, verkünden sie wie ein Großereignis. Es regnet schon längst nicht mehr. Doch der Fluss verliert nur langsam an Gewalt. Die Berge müssen sich immer noch entleeren. Jede Quelle sprudelt. Zwei Tage später geht das Wasser endlich so weit zurück, dass man wieder über die Brücken darf. Anna packt sofort die Sachen aller vier zusammen. „Frühstücken können wir auch zu Hause. Da kriegen wir auch ohne Strom belegte Brötchen hin." Anna sorgt für klare Verhältnisse. Widerspruch ist zwecklos. Oma Uschi muss sie nicht lange überzeugen. Die beiden Männer trotten hinterher. Bepackt mit den Taschen.

Die Haustür ist schnell aufgeschlossen. Oma Uschi lässt Anna zuerst ins Haus. Die Kellertür steht offen. Alle gehen wortlos vorbei. Als läge dort ein Toter, dem man besser nicht ins Gesicht schaut, weil einem das Bild sonst für immer im Gedächtnis bleibt. Auch Opa Kurt schlurft vorbei. Er hat den Verlust noch nicht verwunden, aber er nimmt ihn hin. „Es ist ja keiner gestorben", sagt er, wenn das Thema auf den Keller kommt und die anderen aus Scham den Redefluss stoppen. Trinkwasser können sie sich im nahen Glaswerk in Kanistern holen. Den durchweichten Müll aus dem Keller wirft Stephan an den Straßenrand, gleich neben den Haufen der Nachbarn. Der grenzt schon an den Haufen des Nachbarhauses. Es ist eine Plackerei, den Schlamm aus dem Keller zu schaufeln. Zum Glück ist Stephan da. Opa Kurt kommt kaum ans Tageslicht. Er teilt guten Müll in weniger guten und noch guten. Am liebsten würde er alles nur trocknen und umhüllt von getrocknetem Schlamm wieder an seine alte Position zurückstellen. Doch Anna greift rigoros ein. Die Matschkartons mit den Weihnachtskugeln fliegen in hohem Bogen auf den Haufen. „Und, Opa, kauf dir eine neue Vitrine. Du hast doch genug Geld." Opa schweigt und sortiert. Er hat doch nichts mehr, was dazu taugt, in eine neue Vitrine gestellt zu werden. Für Anna wird das Elend von Tag zu Tag belastender. Von morgens bis abends steht sie im Dreck. Zum Duschen muss sie in die Sporthalle fahren. Und an diesem Wochenende ist doch so viel los in Dresden. Für Partys fühlt sie sich aber zu zerschlagen. Und dann verteidigt Stephan auch noch die Marotten des Großvaters. Inzwischen telefoniert sie mehr als sie hilft.

In der Wohnung funktioniert auch wieder der Strom. Sie können kochen und fernsehen. Die Nachrichtensendungen sind noch immer interessanter als Spielfilme. Welche Stadt hat die meisten Schäden. Jeden Tag ist ein anderer Politiker in Gummistiefeln unterwegs. Oma Uschi kennt sie alle, die Städte und die Politiker. Am liebsten würde sie sie auch alle wählen. Doch zur bevorstehenden Bundestagswahl hat sie nur eine Stimme. Anna interessiert sich nicht für Politik. „Ich bin unpolitisch", sagt sie immer. „Alles ist politisch", antwortet Opa Kurt dann jedes Mal, „selbst welches Make-up du kaufst." Anna ist dann isoliert. Auch Stephan hält das Wählengehen für eine Bürgerpflicht. „Aber doch nicht solche Witzfiguren in Gummistiefeln", sagt Anna. Wenn die wenigstens mit anpacken würden. Beim Opa im Keller ist noch genug Arbeit. „Wir sind fertig, Anna. Es ist alles raus", erklärt Stephan. „Weiß ich doch. Du weißt doch aber, was ich meine." Anna ist unzufrieden. Sie hat noch nicht mal die Hälfte ihres Urlaubsplans geschafft und in ein paar Tagen müssen sie schon wieder zurück nach Düsseldorf. Anna will jetzt schon weg. Sie muss mal wieder etwas Schönes sehen. Sie will sich mal wieder schön anziehen. Sie muss schnellstens raus aus diesen Arbeitsklamotten.

Stephan hat sich seinen Urlaub in der Heimat zwar auch anders vorgestellt, aber er ist glücklich. Er fühlt sich gebraucht. Von Opa Kurt, von den Nachbarn, von der ganzen kaputten Welt da draußen, die darauf wartet, wieder irgendwie ins Lot gebracht zu werden. Wann auch immer. Er fühlt sich wohl in Opa Kurts Blaumann. Abends ist Stephan zwar genauso kaputt wie nach einem langen Arbeitstag im Baumarkt. Doch es fühlt sich jetzt ganz anders an. Viel heldenhafter. Jeden Abend kann er aufzählen, was er für gute Taten vollbracht hat. Anna lacht nur darüber. Oma Uschi lobt. Die alte Frau aus dem Nachbarhaus hat Kaffee und Kuchen gebracht. Und im Musikladen, wo Stephan auch geholfen hat, bekam er zwei der CDs, die bei der Flutung der Räume trocken geblieben waren. Nur von Opa Kurt kommt nichts Lobendes. Er brummt nur: „Das war nur der erste Teil der Tragödie. Dresden wird auch noch weinen." Ein Elbe-Hochwasser droht. Die Erzgebirgsflüsse haben die Elbe tagelang satt aufgefüllt. Und nun kommt noch eine Welle aus Böhmen dazu. In Freital sind viele Straßen unbefahrbar. Das blaue Haus ist in die Weißeritz gekippt. Andere sind unbewohnbar. Trotzdem werden immer mehr auswärtige Helfer abgezogen. Die Straße Am Glaswerk spritzt ein Trupp des Technischen Hilfswerkes aus dem Hessischen ab. Den Schlamm treiben sie zurück Richtung Weißeritz. Stephan kam schnell mit ihnen ins Gespräch. Sie waren noch nie im Osten. Aber bei einer Aufgabe von so großer nationaler Bedeutung haben sie ein paar Tage von ihren Firmen frei bekommen, um in Sachsen zu helfen. Beim Wiederaufbau. Da haben sie spontan zugesagt. Apokalyptische Bilder in den Medien haben ihre Wirkung nicht verfehlt. „Sieht schön aus hier im Osten. Außer natürlich, wo alles kaputt ist", sagt einer der THW-Leute. Er ist so um die vierzig Jahre alt. Er will mal mit seiner Familie wiederkommen, wenn alles wieder aufgebaut ist. Er liebt das Bergige. Und einen Kerl, der so zupackt wie Stephan, den könnten sie bei sich gut gebrauchen. Stephan frozzelt, dass er ja ein Stück mitfahren könne, wenn sie wieder nach Hause fahren. Hessen liege ja halb auf dem Weg nach Düsseldorf. Eigentlich sollten die Hessen in Dresden helfen. Doch dann wurden sie nach Freital geschickt. „Schade, Dresden soll ja so schön sein", sagt der Mittvierziger. „Da sollen wir morgen hin", erklärt ihm sein Gruppenführer. Dann übersteige das Elbehochwasser die höchste Warnstufe. Dann sei dort nichts mehr sicher. „Ich bin aus Dresden", sagt Stephan, „da gibt es öfter Hochwasser." „Aber nicht so eines", erwidert der Helfer.

Anna sitzt heute ohne Arbeitssachen am Frühstückstisch. Sie hat ihr Sommerkleid mit den Spaghetti-Trägern an und plaudert vergnügt mit den Großeltern. Als Stephan noch etwas verschlafen dazustößt, klärt sie alle Anwesenden auf. „Also, wir fahren heute schon. Wenn die Elbe-Flut erst mal da ist, dann gibt es so viel Chaos, dass wir vielleicht gar nicht mehr wegkommen." Sie erreiche auch keinen, den sie treffen wollte. Und nach all dem Stress mit dem Hochwasser in den letzten Tagen brauche sie auch noch ein paar Tage für sich. Damit sie wenigstens ein bisschen Entspannung in ihrem Urlaub hat. „Och, das tut mir wirklich leid, dass wir dir deine Ferien so versaut haben", sagt Oma Uschi. Es ist ihr unangenehm, dass sie ihre Enkelin nicht so wie immer verwöhnen konnte. „Ach Oma, ihr habt uns doch nicht die

Ferien versaut", entgegnet Stephan, „das war doch höchstens das Hochwasser." Für Stephan sei es selbstverständlich, in so einer Situation zu helfen. „Das haben wir doch gern gemacht", pflichtet ihm Anna bei und schiebt nach: „Wenn wir noch was ausräumen und auf den Müll bringen sollen, dann sagt das. Dann bleiben wir noch. Ansonsten würden wir aber fahren." „Nein, nein. Fahrt nur." Die Großeltern wehren energisch ab. „Ihr habt schon viel zu viel für uns alte Leute getan." Sie wollen der Jugend nicht zur Last fallen. „Also, wir fahren dann noch vorm Mittag. So schaffen wir es heute noch bis Düsseldorf", sagt Anna, ohne auf Stephans Reaktion zu achten. Doch der reagiert ganz anders als sonst. „Du fährst noch vor dem Mittag", sagt Stephan trocken und schaut Anna dabei in die Augen. Die Betonung lag auf dem Du. Ihre Blicke kämpfen miteinander. Stephan lässt sich nicht unterkriegen. Ein Sieger ist nicht auszumachen. Die Großeltern schauen sich an und dann verlegen nach unten. „Du brauchst wohl keine Erholung?", fragt Anna schließlich beleidigt. „Ich erhole mich. Ich erhole mich von dem ganzen Mist, den ich Tag für Tag in Düsseldorf mache, ohne zu wissen, warum. Ich erhole mich von der Tretmühle, in die ich eingesperrt bin, von den Typen, die mir ständig sagen, was ich tun soll und was nicht. Von der Monotonie, immer dasselbe, tagein tagaus."

„Wenn dich das alles so ankotzt, dann such dir doch eine andere Arbeit. Ich könnte dir was in der Gartenabteilung besorgen. Aber du willst ja nicht. Dazu müssten wir außerdem erst mal nach Düsseldorf fahren", sagt Anna. Stephan kommt in Fahrt. Die Müdigkeit ist aus seinem Gesicht gewichen. „Guck doch mal auf die Straße. Hier ist genügend Arbeit. Wir können deine Großeltern doch nicht einfach so ihrem Schicksal überlassen." „Doch, das könnt ihr. Wir kommen schon klar. Morgen soll es auch wieder Wasser geben", wirft Oma Uschi aufgeregt ein. Sie hat Angst, sie könnte der Grund für den Streit der beiden sein. Stephan lässt sich nicht beirren. „Aber in Dresden geht es jetzt erst richtig los. Aus ganz Deutschland kommen Helfer hierher. Aus Bayern, aus Mecklenburg, aus Nordrhein-Westfalen. Aber wir haben nichts Besseres zu tun, als denen auf der Autobahn auf der Gegenspur zuzuwinken. Ich hau hier nicht ab." Stephan gehe lieber mit den THW-Leuten nach Dresden. Da werde jede Hand gebraucht. An Anna gerichtet sprudelt es nur so aus ihm heraus: „Die Leute hier haben dir das Leben gerettet. Und du weißt noch nicht mal, wer das war. Wie können dir die Menschen um dich herum nur so gleichgültig sein." Die Großeltern schauen Anna an. Die fühlt sich ungerechtfertigt an den Pranger gestellt. Alle sind gegen sie. „Was ist? Soll ich jeden auf der Straße ansprechen: Entschuldigen Sie, haben Sie mir das Leben gerettet? Dann bleiben wir eben noch länger hier. Ich wollte sowieso noch zu Sarah", sagt Anna mit bitterer Miene. Stephan geht diesmal nicht auf ihr Schmollen ein. „Wenn die THW-Leute mich brauchen, dann gehe ich mit." „Dann geh doch mit deinen neuen Freunden. Ich gehe jedenfalls zu Sarah. Und wenn du morgen nicht mitkommen willst, bitte. Ich werde mir meine Zukunft jedenfalls nicht verbauen." Stephan schnappt sich grußlos seine Arbeitshandschuhe und verlässt die Wohnung. Oma Uschi geht in die Küche und weint. Opa Kurt versteckt sich hinter seiner Zeitung. Anna telefoniert.

Stephan sieht auf der Dresdner Straße, wie die Hessen ihre Arbeitsgeräte auf dem Auto verladen. Sie verlassen die in Stücke gerissene Dresdner Straße besenrein. Jetzt können die Straßenbauer kommen. Stephan erkundigt sich nach ihrem neuen Einsatzort. „An der Flutrinne", antwortet der Truppführer. Wie sie dahin gelangen sollen, wüssten sie aber noch nicht. Die meisten Brücken seien wohl gesperrt und auch viele Straßen. Stephan wüsste einen schnellen Umweg. Er würde den Helfern gern den Weg zeigen, wenn sie ihn mitnehmen, wenn sie ihn bräuchten. Als Antwort macht der Truppführer den Beifahrersitz für Stephan frei. Die Gruppe rückt mit ihrem Fahrzeug aus Freital ab. Alle Leute werden in Dresden gebraucht. Die Kunstwerke im Zwinger müssen gerettet werden. Die barocke Altstadt droht zu versinken. Nur die Freitaler Feuerwehr bleibt in der Stadt zurück. Stephan hat das Gefühl, hier nicht mehr hinzugehören.

Kapitel 7
Der Watzke-Damm

Schuften und hungern

Seit einer Woche ergießen sich die Fluten der übergequollenen Gebirgsbäche in die Elbe. Der Pegel steigt. Langsam, aber stetig. In Meißen schüttet die Triebisch ihre Wassermassen in den großen deutschen Strom. Es sieht fast so aus, als wenn einer der größten Flüsse Deutschlands rückwärts fließt, bergauf ins Elbsandsteingebirge. Ein paar Kilometer zuvor hat die Weißeritz an ihrer Mündung in Dresden den Pegelstand der Elbe verdoppelt. Und der ist schon hoch, denn die Gottleuba in Pirna und die Müglitz in Heidenau haben nicht weniger beigesteuert. Der Normalwert von knapp zwei Metern hat sich fast auf acht potenziert. Die ersten Häuser am Ufer in Dresden-Laubegast stehen schon unter Wasser. Dabei ist die Flut aus Böhmen noch nicht mal eingeschossen. Von dort hat der Regen einen erheblich weiteren Weg bis in die Elbe zurückzulegen. Die Fluten brauchen damit zwar zwei Tage länger als die aus dem Osterzgebirge, aber sie kommen. So viel ist sicher. Die Schwerkraft lenkt sie unabdingbar nach Dresden. Wenn auch auf Umwegen. Die Katastrophe ist vorhersehbar. Es kann sie nur keiner berechnen. Aus Tschechien kommen zu wenige Daten. Die meisten Pegel sind zerstört. Wer will den Durchfluss auch messen, der sich dort über ausgespülte Straßen und durch geschundene Häuser wälzt? Wie viel Wasser kommt denn noch aus Böhmen? Das fragen sich nicht nur die Experten. Nach Tagen der Schockstarre über die Katastrophe im Gebirge bereitet sich nun Dresden auf ein Elbe-Hochwasser vor. Das ist an sich nichts Besonderes. Ein paar Sandsäcke haben die Anwohner nahe dem Ufer immer bereitliegen. Regelmäßig muss die Straße am Terrassenufer gesperrt werden, wenn die Schneeschmelze das Frühjahrshochwasser bringt, oder der Sommer etwas verregnet ausfällt. Doch diesmal haben viele ein anderes Gefühl. Das Hochwasser aus dem böhmischen Erzgebirge ist noch unterwegs in die Stadt. Das Flussbett ist aber schon voll. Niemand wagt eine Prognose. Wer will schon als Panikmacher dastehen? Und dann ist alles wie immer, ganz harmlos. Dennoch wird hinter den Kulissen eifrig gearbeitet. Die Schäden, die die kleine Weißeritz in Dresden angerichtet hat, machen wachsam. Wo lagern wie viele Sandsäcke? Wann können die wo abgeholt werden? Wie viel Sand wäre notwendig, um Hunderttausende Säcke zu füllen? Reichen hunderttausend Säcke? Wo lagern diese Vorräte? Zum ersten Mal muss der Baustoffhandel mit dem Katastrophenschutz zusammenarbeiten. Der Prokurist liefert die Zahlen an die Behörden und schimpft über diese neue Bürokratie. Immer mehr Arbeitgeber werden aufgefordert, die Mitarbeiter freizustellen, die dem Technischen Hilfswerk angehören. Jedes Fahrzeug, das im Gebirge trotz aller Schäden entbehrlich ist, wird jetzt an die Elbe beordert. Der Schwerpunkt der Hilfseinsätze verlagert sich hin zu Sachsens Hauptstadt. Der Großstadt mit den vielen Kulturgütern. Der Zwinger, die Semperoper, das Albertinum – die historische Altstadt grenzt direkt an den Fluss. Warum stehen diese prachtvollen Gebäude so dicht an der Elbe? Die Generation der Architekten des Barock kann keine Flutkatastrophe erlebt haben. Hätten die Baumeister auch nur einmal die Angst verspürt, die sich heute in Dresden ausbreitet, sie wären dieses Risiko nicht eingegangen. Sie hätten Furcht um ihr Lebenswerk gehabt. Die Überlieferungen der damals Alten, die noch nichts von massiver Sandsteinbauweise verstanden, haben die berühmtesten Architekten in den Wind geschlagen. Das Vertrauen des Adels in sie ist groß. Größer als die Angst vor der Elbe. Und ein Herrscher zeigt keine Angst. Im Gegenteil.

Im Schlosshof werden vorsorglich Paletten voller Sandsäcke abgestellt. Für den Notfall. Die Masse wirkt für einen jungen Mann in Uniform des THW übertrieben. Er fragt einen älteren Kollegen, wie viel Wasser denn noch aus Tschechien kommt. „Das werden wir erst wissen, wenn es da ist", antwortet dieser. Die Nachrichten aus dem Nachbarland verheißen nichts Gutes. Der Pegel steigt.

Stephan ist nun der Anführer der Helfer aus dem Hessischen. Nur er weiß, wo es langgeht. Er sitzt vorn neben dem Fahrer. Der Gruppenführer auf der Rückbank. Stephan fühlt sich wohl. Seine Entscheidung, die Autokolonne von Freital nach Dresden an die Elbe zu führen, ist goldrichtig. Navigationsgeräte kann sich die Hilfsorganisation für alle Fahrzeuge sowieso nicht leisten. Aber selbst wenn sie welche hätten. Im Einzugsgebiet der Weißeritz versagen sie. Drei Tage waren die Straßen unbefahrbar, weil der Fluss sich die Fahrbahnen zu Eigen machte. Das Wasser ist zwar zum größten Teil weg. Müll und jede Menge Schlamm sind dafür da. Die Feuerwehrleute sind im Dauereinsatz. Erst kämpfen sie gegen die Fluten, dann gegen den Schlamm und jetzt gegen die Müdigkeit, Erschöpfung und Depression. Viele Straßen sind gesperrt. Es sieht verheerend aus, was der Fluss in seinem alten Bett hinterlassen hat, aus dem er vor Jahrzehnten vertrieben wurde. In Löbtau musste die Weißeritz mehr als achtzig Jahre lang zwangsweise abbiegen. Ein Kanal leitet den gefährlichen Fluss ab dort um die Innenstadt herum. Bis vor wenigen Tagen hat das funktioniert. Jetzt hat die Weißeritz die Friedrichstadt und Teile der Innenstadt wieder heimgesucht, ihr altes Bett aber nicht mehr gefunden. Die Schäden, die das im Vergleich zur Elbe kleine Flüsschen angerichtet hat, sind enorm. Der Hauptbahnhof ist seit Tagen gesperrt. Nur die vier Gleise auf den beiden oberen Bahnsteigen sind trocken geblieben. Trotzdem kommt kein Zug mehr an.

Auf der Weißeritzstraße liegen Haufen von Geröll. An wenigen Stellen sieht man Radlader Schlamm schieben. Man muss sich auskennen, um Hilfstransporte durch die Stadt zu lotsen. Das ist Stephans Aufgabe. Er soll den kleinen Trupp an die Flutrinne führen, die zwischen Übigau und Pieschen verläuft. Die ist für den Hochwasserfall vorgesehen. Über diesen riesigen Bypass kann das Wasser schneller abfließen. So wird Druck von den Elbeufern genommen. Jahrelang war die Flutrinne trocken. Höchstens Hunde oder spielende Kinder haben sich auf dem über hundert Meter breiten Wiesenstreifen ausgetobt. Wozu dort eine Brücke steht, ist in Trockenzeiten schwer zu erklären. Nur alle paar Jahre nutzt die Elbe die Rinne. Dann sind die Übigauer dankbar für diese Brücke.

Inzwischen ist das Stadtviertel eine Insel und nur noch von der Autobahnabfahrt Neustadt über die Washingtonstraße zu erreichen. Die anderen Zufahrten sind überflutet oder gesperrt – auch die Sternstraße. Hier hantiert ein Bagger auf der Brücke. Der steht das Wasser bis zum Hals. Nur der Betonkopf schaut noch raus. Sowie sich vor der Brücke Treibgut aufstaut, hebt es der Baggerfahrer mit dem langen Stahlarm seiner Maschine aus dem Wasser, wirft es auf die Brücke und saust zu einem anderen Brückenpfeiler, an dem das nächste Müll-Ungeheuer aus dem Wasser wächst. Der Baggerfahrer führt einen ritterlichen Kampf mit einem gefährlichen Drachen.

Die Lage wird kompliziert. Die Rinne ist randvoll. Um die Häuser zu schützen, müssen die Deiche weiter erhöht werden. Doch dann versinkt die Brücke. Ihre Konstruktion ist dafür nicht vorgesehen. Ein Brückenbogen fehlt. Breite Stahlbetonbänder ziehen sich waagerecht auf einer Linie von Pfeiler zu Pfeiler. Das Geländer ist aufgemauert. Die Konstruktion wirkt wie ein massives Wehr. Wie eine Staumauer mit besonders großem Durchlass. Kein Statiker hat je berechnet, was passiert, wenn mehr Wasser ankommt, als unter der Brücke hindurchpasst. Das gab es noch nie. Das sollte es nie geben. Doch eine Hochwasserwelle kommt noch. Wo soll dieses Wasser hin? Würde es am Brücken-Wehr der Flutrinne aufgestaut, steigt der Pegel erst in der Rinne und dann bergauf in der Elbe. Noch mehr Sandsackbarrieren in der Innenstadt würden brechen. Ob die Deiche der Flutrinne überhaupt diesen extremen Wasserstand aushalten, ist unklar. Kann man sie entsprechend verstärken? Ist das ausgeschlossen, wäre es ratsam, den Deich kontrolliert zu brechen. Würde man den Deich auf Übigauer Seite öffnen, die Insel wäre verloren. Dort befinden sich Hunderte Menschen in ihren Wohnungen. Könnten die noch über die Washingtonstraße fliehen? Alle gleichzeitig? Wie schnell kann man das organisieren? Das Gerücht von der Aufgabe des Stadtteils macht schnell die Runde. Immer mehr Bewohner strömen aus den Häusern an die Deiche von Elbe und Flutrinne. Die Feuerwehr von Übigau hat vorgesorgt. Direkt vor dem Gerätehaus an der Flutrinne wurden in den vergangenen Tagen zwei Sandhügel aufgeschüttet, die nun Schippe für Schippe in Säcke gefüllt werden. „Wieso wir? Sollen die da drüben doch absaufen", sagt ein bärtiger Mann und zeigt auf die andere Seite der Flutrinne, wo hinter einer Kleingartenanlage der futuristische Neubau der Sparkasse und das Einkaufscenter Elbepark stehen. Dann stellt er seine angetrunkene Bierflasche auf den Boden und schippt eifrig weiter Sand. Ein älterer Mann bringt in einer Schubkarre leere Säcke und erklärt den Schaufelnden, dass auf der anderen Seite immer Überschwemmungsfläche war, nicht in Übigau. „Los Leute, schneller!“, mahnt ein Zivilist zur Eile. „Das ist wie bei der Oder-Flut vor ein paar Jahren, je höher unser Deich ist, desto eher bricht er auf der anderen Seite. Brandenburg war damals erst gerettet, als Polen überflutet war.“ Die Übigauer Feuerwehr organisiert die Menschenkette. Der Deich wächst. Die Moral der Truppe bekommt erst einen Knacks, als die Gruppe vom THW per Funk den Auftrag bekommt, sich über die Washingtonstraße auf die andere Seite der Flutrinne zu begeben, um dort den Deich genauso zu verstärken. Auf der dünner besiedelten Seite seien zu wenige Helfer. Auch der blaue Bagger verlässt die Brücke. Die Übigauer buhen, als die THW-Leute vom Deich an der Feuerwache abrücken. „Wir sind eure Hilfe wohl nicht wert?“, sagt der Bärtige. „Lasst uns nicht im Stich. Bitte!“, fleht eine Frau, deren Familie hier seit drei Generationen einen Hof betreibt. „So weit kommt's noch, dass wir diese Typen betteln“, fährt der Bärtige der Frau über den Mund. „Verpisst euch doch, ihr Feiglinge“, ruft sein Bierkumpel. Die Feuerwehrleute versuchen zu beschwichtigen. Bis eben waren sie doch ein gutes Team. Aber den Übigauern sitzt die Angst im Nacken, alles zu verlieren. Dann bricht Jubel aus. Der Chef einer Baufirma rollt mit seinem größten Bagger auf die Brücke zu. Ein Polizist stellt sich mit erhobenen Händen in den Weg. „Stopp! Die Brücke könnte bald einstürzen“, sagt der Uniformierte. „Was weißt du denn schon vom Hochwasser“, brüllt der Bauunternehmer, der den Polizisten gut kennt, und schiebt nach: „Überlass das mal mir. Risiko am Bau ist mein Geschäft. Und ich weiß eins: Wenn Übigau überflutet wird, ist meine Existenz vernichtet! Ich bin sowieso am Ende.“ Der Polizist winkt ab und tritt kopfschüttelnd beiseite. Die Biertrinker stoßen mit ihren Flaschen an. Der eine schaut auf die andere Uferseite und sagt: „Und wenn die blauen Vögel da drüben zum Schichtwechsel weg sind, dann schauen wir mal, ob dort nicht ein paar Säcke aus Versehen ins Rutschen kommen ...“ Sein Kumpel grient.

Stephan leitet die Kolonne über die Autobahn von Freital auf die nördliche Elbseite in Pieschen. Die ersten Brücken in Dresden sind vorsorglich gesperrt worden. Nur Rettungskräfte werden noch rübergelassen. Keiner kann mehr für die Standsicherheit der Bauwerke garantieren. Die Überflutung der Widerlager steht kurz bevor. Dafür gibt es keine statischen Berechnungen. Die Autobahnbrücke ist die höchste über die Elbe. Sie würde als letzte geschlossen werden. Wenn überhaupt. Sie ist zur Nabelschnur der hochwassergeteilten Stadt geworden. Stephans Hilfstrupp soll an der Flutrinne auf Pieschener Seite den Brückenbereich mit Sandsäcken verstärken. Das Material ist schon da. Es fehlen aber Leute, die die Säcke verteilen. Die Helfer vom THW bilden schnell eine Kette entlang des Deichs und lassen die Säcke fliegen. Stephan steht mittendrin. Bei ihm werden die Sandsäcke jedoch langsamer. So sehr er sich auch bemüht, so weit er auch die etwa zehn Kilo schweren Säcke in flachem Bogen zum Nächsten wirft, so sehr er auch seinen Oberkörper hin und her dreht, er ist die Bremse in der Reihe. Die Leute hinter ihm lassen die Arme hängen und gucken, wann endlich die nächsten Wurfgeschosse kommen. „Mensch, du musst dich nicht neben mich, sondern du musst dich mir gegenüber stellen, dann wird es viel leichter", sagt Stephans Nebenmann.

Der Deichbauanfänger gehorcht. Stephan muss sich jetzt nicht mehr so verdrehen. Die Säcke schweben geradezu auf einer Linie durch die Reihen. Schon ist er nicht mehr das schwächste Glied in der Kette. Stephan ist jetzt so eifrig, dass ihn sein Nachbar etwas bremsen muss, dem er die Säcke fast entreißt. „Immer schön gleichmäßig, mein Junge", sagt der erfahrene THW-Mann, „unsere Kraft muss noch für ein paar tausend Säcke reichen." Doch es ist früher Pause als gedacht. Jetzt sind Helfer da, aber kein Material mehr. Die Helfer frozzeln in ihrem Dialekt. Stephan versteht zwar nur Bahnhof, aber er amüsiert sich. Die Pause nutzt er, um seine Mutter anzurufen. Sie wohnt auf dieser Elbseite nicht weit weg. Er will sie warnen. Das Hochwasser kann Dresden gefährlicher werden als gedacht. Vielleicht kennt sie ja auch noch ein paar Leute, die helfen kommen. Stephan ist jetzt Hochwasserexperte. Er hat einen Trupp Helfer durch die Stadt geführt. Er weiß jetzt, dass man Sandsäcke am besten nur zu zwei Dritteln füllt, sich in der Kette gegenüber stellt und das Material immer auf die

Fuge legt. Er will seiner Mutter erzählen, dass er dabei ist, Übigau zu retten. Sie wird stolz auf ihn sein. Er ist nicht mehr das Kind, der Junge. „Mutter, du hast jetzt einen erwachsenen Sohn!“ Das alles könnte er ihr jetzt sagen. Doch er kommt kaum zu Wort. „Bist du in der Nähe vom Ballhaus Watzke?“ „Ja, Mama.“ „Kannst du dort dem Dieter helfen? Sie brauchen dort an der Kötzschenbroder Straße noch Leute.“ „Beim Dieter? Och nö.“ „Nach Feierabend komme ich auch. Bitte.“ „Wobei braucht dein Lover denn Hilfe?“ „Er muss Sandsäcke holen, hat er gesagt. Geh mal zu ihm rüber. Es ist doch nicht weit“, bittet die Mutter. Stephan schaut sich um. Die Männer von „seinem“ THW-Trupp liegen im Gras in der Sonne und machen Pause. Warten auf Nachschub. „Na gut Mama. Ich geh mal kurz rüber. Bis du kommst. Beeil dich.“

Es ist ein herrlicher Sommertag. Badewetter. Die Sonne blendet. Auf dem kurzen Weg entdeckt er merkwürdige Sandsackhaufen in größeren Abständen mitten auf einer aufgeheizten Asphaltstraße. Die Fluten sollen so in der Kanalisation gefangen gehalten werden. An der Kötzschenbroder Straße in Pieschen wächst die Angst. Nicht nur wegen der realen Horrorszenen vom Hochwasser, die in den Stuben über den Bildschirm flimmern. Sondern an der Kötzschenbroder Straße können die Bewohner aus ihren Wohnzimmerfenstern sehen, wie der Elbepegel steigt und steigt. Nur die Fahrbahn trennt die Häuser von der Böschung des Elbufers. Wo die Uferböschung sein müsste, ist jetzt karamellbraunes Wasser. Zum Flanieren auf der beliebten Uferpromenade ist niemandem mehr zumute. Ein Rentner starrt wie gebannt aus einem Erdgeschossfenster auf die Wellen. Treffen die Prognosen ein, dass die Elbe einen Stand von neun Meter sechzig erreicht, dann steht seine Wohnung komplett unter Wasser.

Hier hat auch Dieter eine Wohnung, obwohl er schon lange mit Stephans Mutter zusammen ist. Dieter hat schon Beistand. Seine Tochter ist gekommen. Rasch haben sie zusammen ein paar Sachen eingepackt. Polizisten gehen von Tür zu Tür und fordern alle Bewohner auf, die Häuser am Ufer zu verlassen. Zum Schluss will Dieter noch rasch die elektrischen Rollläden runterlassen, um die großen Scheiben von der Terrassentür zu schützen. Möglicherweise hilft das ja etwas, wenn die große Flut kommt. Doch der Motor über den Fenstern schafft es nur noch bis zur Hälfte. Der Strom wurde in diesem Moment im gesamten Haus abgeschaltet. Und manuell geht hier nichts.

Rege Betriebsamkeit herrscht auf der zweispurigen Asphaltstraße. Auf dem elbseitigen Gehweg liegt schon die erste Schicht Sandsäcke. „Wir mussten doch handeln. Niemand kam zur Hilfe, obwohl das Wasser unaufhörlich steigt", erklärt Dieters Nachbar. Ein grauhaariger Mann mit vielen Altersflecken auf der Haut. Dann fährt er im Auto mit Verwandten davon. Was ihn erwarten wird, wenn er wiederkommt, das wagt er sich nicht auszumalen. In der Wohnung wird Stephan also nicht mehr gebraucht. „Ich hole mit dem Auto Sandsäcke vom Depot an der Hansastraße. Du kannst ja hierbleiben und beim Ausladen helfen", erklärt Dieter.

„Lass mal, ich komme mit", sagt Stephan etwas gelangweilt. Dieter ist über dessen Hilfsangebot verwundert. Freut sich aber. „Mama hat mich geschickt", erklärt Stephan, „sie glaubt wohl, du schaffst das nicht alleine." Dieter grient nur. Stephan ärgert sich. Dabei sollte sich doch Dieter über diese Provokation ärgern. Im Auto sprechen sie kein Wort. Stephan schaut aus dem Fenster. Alles wirkt so normal. In den Läden gehen Kunden ein und aus. Fernab der Elbe fahren die Straßenbahnen sogar nach Fahrplan. Die Straßen sind so voll wie immer an einem Wochentag. Nichts Dramatisches. Dieter setzt den Blinker und folgt an der Hansastraße der Ausschilderung zur Stadtreinigung. Auf der Zufahrt kommen ihnen mehrere Autos entgegen. Ein offener Pkw-Anhänger ist voller Sandsäcke. Das zugehörige Auto muss ordentlich Gas geben, um die Last in Bewegung zu bringen. Hier sind sie also richtig. Das Tor zum Betriebsgelände steht weit offen. Im Schatten einer großen Werkhalle sind ein Dutzend Biertischgarnituren aufgereiht. Sie sind gut besetzt. Die Stimmung scheint gelöst. Fast wie bei einem Volksfest. Auf den Tischen steht aber nur vereinzelt ein Bier. Stattdessen jede Menge haushaltsübliche Kuchenformen und Bataillone von Plastikflaschen. Es könnten Familien sein, die hier

Platz genommen haben. Kinder sitzen zwischen Erwachsenen, die das Alter von Großeltern haben. In Dresden ist schulfrei. Wegen dem Hochwasser. Jugendliche lachen. Mitarbeiter der Stadtreinigung sind nicht zu sehen. Niemand trägt die leuchtend orange Arbeitskleidung. Die meisten haben ein verschwitztes T-Shirt und kurze Hosen an. Ein paar Männer sitzen mit freiem Oberkörper an den Tischen. Eine kleine Gruppe biegt um die Ecke. Sofort wird ihnen Platz gemacht. Offensichtlich sind das Helfer, die hier Sandsäcke füllen. Nur können Dieter und Stephan keine Sandsäcke entdecken. Dieter hält an und lässt die Fensterscheibe der Fahrertür herabfahren. In das klimatisierte Auto strömt sofort eine Wolke der aufgeheizten Sommerluft. Stephan spürt sie auf seinem Gesicht, auf seinen nackten Armen. „Wo gibt's denn hier Sandsäcke?", fragt Dieter den Erstbesten, der an seinem Fenster vorbeiläuft. „Um die Ecke", bekommt Dieter zur Antwort. Im Schritttempo fährt er um die Halle herum. Dort ist eine fußballfeldgroße Betonfläche für den Fuhrpark. Doch der Beton ist beerdigt unter einer Mondlandschaft aus aneinandergereihten Sandhügeln. Im Sonnenlicht leuchtet der Sand so kräftig gelb, wie Pfirsichhälften auf einem Kuchenblech für Riesen.

An allen Seiten wird an dem überdimensionierten Sandkuchen gelöffelt. Überall haben sich Zweier-Teams gebildet. Einer schippt. Der andere hält den weißen, mit Gewebe verstärkten Plastiksack auf. Sind vier Säcke gefüllt, werden sie zum nächsten Sammelplatz getragen. An einem steht ein Auto mit offener Heckklappe. Auch Dieter steuert so einen Sammelplatz an. „Können wir die hier einfach nehmen?", fragt Dieter einen Helfer und zeigt auf den kleinen, etwa einen Meter hohen Haufen. Der Helfer frozzelt: „Klar, wenn die alle in dein Auto passen?" Stephan muss grinsen. Dieter auch. Der hebt einen halbgefüllten Sack an und versucht, das Gewicht zu schätzen. Vielleicht zehn Kilo, oder weniger. Dann überschlägt er kurz im Kopf, wie viele er in sein Auto laden könnte. „Fünfundzwanzig packen wir ein, mehr nicht". „Ist aber nicht viel", entgegnet Stephan. „Ich fahr ja keinen Tieflader", antwortet Dieter. Dann verstauen sie stumm die Fracht. Ein Mädchen kommt auf Stephan zugelaufen. Etwa acht oder neun Jahre alt, schätzt er. „Wie viele Säcke werden denn noch gebraucht?", fragt das Kind. „Das weiß ich auch nicht", antwortet Stephan und beugt sich zu dem Mädchen herunter, „aber auf jeden Fall noch sehr viele." „Mehr als tausend?" „Bestimmt mehr als tausend", erklärt Stephan in fürsorglichem Ton. „Boah, so viele", bricht es aus dem Mädchen heraus. Es muss lachen über diese unvorstellbar große Zahl. An allen Haufen stehen jetzt Autos, vereinzelt auch Laster. Hinter Dieters Auto wartet schon das nächste. „Wir müssen jetzt los. Und immer schön weiter fleißig sein", gibt er dem dunkelhaarigen Mädchen noch mit auf den Weg zurück zum riesigen Sandhaufen. Dann setzen sich die beiden Männer wieder ins Auto und fahren los. Es ist deutlich zu spüren, dass das Auto hinten mächtig durchhängt. Geredet wird auch auf der Rückfahrt nicht.

Schnell sind die Säcke vor Dieters Terrassentür verteilt. Es reicht sogar für eine zweite Schicht. Stephan hat seiner Mutter also ihren Wunsch erfüllt. Nun aber nichts wie weg. „War es das jetzt?", fragt Stephan, ohne Dieter anzusehen. „Ich werde noch mal fahren. Aber das bekomme ich auch allein hin", antwortet Dieter. „Okay. Dann gucke ich mal hier vorne, ob ich noch was tun kann", sagt Stephan und weist auf die Kötzschenbroder Straße vor Dieters Wohnhaus. Sie verabschieden sich, ohne sich die Hand zu geben. Dieter wirft Stephan noch ein herzliches „Danke" hinterher. „Hab ich für Mama gemacht", sagt Stephan.

Auf der Straße sieht er sich um, wo er denn als Nächstes gebraucht werden könnte. Die meisten Leute stehen an der Gaststätte „Zum Landstreicher". Dort halten schon die untersten Sandsäcke das Wasser der Elbe ab. Im Normalfall würde man kaum erkennen, dass die Straße von Dieters Haus bis zum „Landstreicher" ein leichtes Gefälle hat. Doch jetzt, da das Hochwasser alles in Waage bringt, zählt jeder Zentimeter. Das wissen die Besitzer der Gaststätte nur zu gut. Sie betreiben auch ein Restaurant in der Altstadt. Das haben sie schon vor Tagen verloren, als die wild gewordene Weißeritz durch den Gastraum hetzte. Der Schlamm hat die komplette Technik unbrauchbar gemacht, die Einrichtung versaut. Jetzt muss wenigstens das zweite Restaurant diese Schicksalstage überstehen. Jeder Mitarbeiter, der erreichbar war, schuftet nun am „Landstreicher". Hastig werden Sandsäcke von einem Pkw-Anhänger abgeladen und aufgetürmt. Doch was wissen Kellner, Köche und Buchhalter schon davon, wie man einen Damm aus Säcken voller Sand baut? So ernst die Situation auch ist. Diese engagierte Truppe hat sichtlich Spaß. Das liegt zu einem Teil daran, dass der Zapfhahn in der Gaststube immer noch funktioniert. Und wer hilft, bekommt zur Erfrischung Bier gratis. Die lustige Stimmung kann aber auch das sprichwörtliche Pfeifen im Walde sein. So lässt man die Angst nicht so leicht an sich heran. Es könnte aber auch das schöne Wetter sein. Es ist ein warmer Sommernachmittag. Die Sonne lacht. Und lachen ist ansteckend. Oder die Helfer sind tatsächlich völlig naiv und merken gar nicht, welche Katastrophe sie hier zu Statisten macht.

Es ist Mittwoch. Seit Tagen sprechen alle über nichts anderes mehr als über Flut, Schlamm, Zerstörung oder ihre Angst. Auch die beschwipsten Zivilisten hier an der Kötzschenbroder Straße. Sie haben anfangs weder Unterstützung von der Feuerwehr noch von sonst irgendjemandem. „Die haben uns doch hier längst abgeschrieben", schimpft eine Serviererin. Nur am Abzweig von der Leipziger Straße, am Ballhaus Watzke, dort, ab wo die Straße jetzt gesperrt ist, steht eine Verkehrspolizistin. Nur Autos, die Sandsäcke geladen haben, dürfen durch. Ab und zu kommt mal eines. Es sind die Autos der Anwohner oder von Angestellten vom „Landstreicher". Diese Hartnäckigkeit, diese verschworene Truppe beeindruckt Stephan. Hier will er bleiben. Das ist eine Herausforderung, gerade groß genug, um sie als die seine zu betrachten. Diese Gaststätte zu retten, da will er mithelfen. Wieder rollt ein Kombi an. Auch Stephan stellt sich an die offene Heckklappe und greift sich zwei Säcke. Doch das Ergebnis ist ernüchternd. Das Wasser plätschert sachte zwischen seinen beiden Sandsäcken hindurch. Die Straße fällt zu sehr ab. „Lass das da hinten. Das bringt nichts", sagt ein reiferer Mittvierziger zu Stephan. Dann hebt er die zwei nassen Jutesäcke wieder auf und legt sie in eine Linie quer über die Straße zur Grundstücksmauer des „Landstreichers". Die neue Grenzlinie ist damit gezogen, die die Elbe nicht mehr überschreiten darf. Das ist also das Fundament für die letzte Bastion des

„Landstreichers". Man müsste mit dem Dammbau nur schneller sein als das Wasser steigt. Läppische drei Säcke liegen bis jetzt übereinander. Fast zweihundert Meter sind es von der etwas höher liegenden Mauer am Biergarten des Ballhauses Watzke bis zur wesentlich kleineren Konkurrenz am „Landstreicher". Das schafft das halbe Dutzend Autos nie, ausreichend Baumaterial ranzuschaffen, bevor die Flutwelle das Ufer in Pieschen erreicht hat. Und eine solche ist angekündigt. Ein Transistorradio steht zwischen den Füßen der Helfer. Die Berichte sind beängstigend, aber auch verwirrend. Ein Sender spricht von einer größeren Flutwelle als der andere. Bei einem Pegelstand von sieben Metern gilt in Dresden die höchste Alarmstufe. Bei sieben Meter vierzig werden Laubegast und Gohlis als erste überschwemmt. Inzwischen steht die Elbe schon bei acht Metern. Und sie steigt weiter. „Wann hört das denn endlich auf?", ruft eine verzweifelte Frau mit Blick auf den Fluss. Keiner gibt eine Antwort. Am Zwinger in der Altstadt gibt es inzwischen mehr Helfer als Arbeit. Das Gebäude ist berühmt.

Alle wollen die wertvollen Gemälde retten, die in den tiefer liegenden Räumen stehen, in die jetzt auch Wasser eindringt. Wer hier hilft, ist in den Fernsehberichten ein Held. Vom „Landstreicher" hat noch niemand berichtet. Die verzweifelte Frau wendet sich von der Elbe ab und schaut Richtung Leipziger Straße. Dort fließt der Verkehr wie immer. Jetzt am Nachmittag ist es besonders voll. „Wieso helfen die uns denn nicht? Wissen die denn nicht, was sich in ihrer Stadt gerade abspielt?" Die Verzweiflung der Frau ist so groß, dass sie jetzt losläuft und jeden Passanten anspricht, ob er nicht helfen könne. Manche winken ab. Sie müssten schnell weiter, noch Wichtiges erledigen. Aber es gibt tatsächlich Menschen, die spontan ihre Tasche an den Straßenrand stellen und mithelfen. Es müssten nur mehr Autos kommen, die sich in die Kette der Pendeltransporte vom Baustofflager zum Damm einreihen. Viele telefonieren Freunde heran. Auch die Polizistin verspricht, über ihre Zentrale nach verfügbaren Lastwagen zu fragen. Stephan ruft ein paar alte Kumpels an. Und sogar seinen Vater in Pirna. „Junge, wie geht es dir? Wo bist du?" „Ich helfe hier am Watzke-Damm in Pieschen. Aber es gibt nicht genug Autos. Du bist nicht zufällig in der Gegend?", fragt Stephan. „Nein. Hier in Pirna ist auch großes Chaos. Erst kam das Wasser von der Gottleuba und jetzt die Elbe. Wir haben zu Hause aber nichts abgekriegt. Was tust du am Watzke?" „Wir bauen hier einen Sandsackdamm. Es kommen aber nicht genug Säcke an. Die bringen die hier in ihren eigenen Autos her. Im Kofferraum. Das dauert ewig, wenn es nicht mehr Autos werden." „Sabine ist arbeiten. Und ich muss mich um Eleonore und Torben kümmern. Vielleicht habe ich ja Zeit, wenn Sabine nach Hause kommt. Kann die Feuerwehr denn nicht helfen?" „Die hilft schon. Aber es reicht vorne und hinten nicht." „Wer koordiniert denn die Arbeiten? Hat die Feuerwehr das Kommando?" „Was für ein Kommando? Hier macht jeder, was er will. Hauptsache das Wasser bleibt draußen aus dem Viertel." „Mensch Junge, ich finde es Klasse, dass du dich so engagierst. Ich sehe zu, was ich machen kann." „Ich muss Schluss machen. Das nächste Auto kommt." „Mach's gut."

Erst am Abend fahren endlich zwei größere Fahrzeuge des Technischen Hilfswerks und der Feuerwehr vor, voll beladen mit Sandsäcken. Im „Landstreicher" richten sie so etwas wie ein Lagezentrum ein. Das ist das Signal, dass die Stimmung am Watzke-Damm, wie die Helfer ihr provisorisches Bauwerk nennen, wieder ins Positive kippt. Die Männer vom THW sind erfahren. Deshalb schütteln sie ungläubig den Kopf, wie die Basis des Damms von den Zivilisten gelegt wurde. Doch es ist längst zu spät, alle Säcke noch mal aufzunehmen und den Damm von Grund auf neu zu bauen. Das Wasser dahinter steht schon zu hoch. Es sickert zwar durch. Aber es wird noch zurückgehalten. Erst in der Nacht zum Donnerstag wird es brenzlich. Immer mehr Wasser sickert aus dem durchweichten Wall. „Los Leute, überall, wo Wasser durchsickert, auf die Stellen müssen noch mehr Säcke drauf", ruft einer der THW-Leute. „Und sagt das den Leuten dahinten weiter!" Der Damm wächst jetzt auch in die Breite. Vom Fußweg unter ihm ist kaum noch was zu erkennen. Am „Landstreicher" wird die Lage kritisch. Grundwasser drückt hinter dem Wall hoch. Die Feuerwehrleute, die es abpumpen, stehen fast knietief im Wasser. Vorsorglich wird jetzt auch die Straßenbeleuchtung abgeschaltet. Die Dunkelheit ist kein gutes Zeichen für die Helfer. Doch sie arbeiten weiter, im Licht der Scheinwerfer der sporadisch anrollenden Transportautos und einer Laterne, die die Feuerwehr an einem Metallstab hochgezogen hat. Es ist gespenstisch, wie die Schatten über den Damm huschen. Das Wasser steigt. Neun Meter werden inzwischen angekündigt. Das wäre mehr als ein Meter über dem Gehweg. Die Feuerwehrleute halten das Unterfangen der tapferen Bürger für aussichtslos, die alles niederwalzende Elbe auf einer Länge von zweihundert Metern in einer Außenkurve mit einem Sandsackdamm aufzuhalten. Der müsste zwei Meter hoch werden, stabil gebaut sein. Und es müsste überhaupt so viele Sandsäcke geben. Es müssten Zehntausende sein. Die Kameraden wollen angesichts dieses ausweglosen Unterfangens abrücken. Die Pumpen mitnehmen, die das durchsickernde Wasser über den Damm zurück in den Fluss speien. Sie wollen auch den Technikwagen mitnehmen, der in den letzten Stunden den Strom produziert hat. Sie wollen an eine andere Stelle abrücken, wo ihre Hilfe Sinn hat. Die Anwohner flehen die Feuerwehrleute an zu bleiben. Die Wirtin des „Landstreichers" droht, ihr Auto so vor das der Feuerwehr zu fahren, dass das nicht mehr fortbewegt werden kann. Ein Restaurant hat sie schon an die Jahrhundertflut verloren. Nun kämpft sie mit allem, was sie hat, um ihr zweites. Die Feuerwehrkameraden lenken ein. Nicht wegen der Drohung. Auch wenn ihnen das Engagement der Frau imponiert. Sie hatten von der Zentrale schlichtweg keinen anderen Ort genannt bekommen, wo sie jetzt dringender gebraucht würden.

Ein Polizist ist da weniger nachgiebig. „Hören Sie jetzt endlich auf und gehen Sie nach Hause", herrscht er die Wirtin an. „Niemals!", antwortet die Wirtin, „dann müssen Sie mich schon abführen." Provozierend hält sie dem Polizisten ihre Handgelenke hin. Herausgefordert von dieser Frechheit greift er an seinen Hosenbund und lässt die Handschellen tatsächlich klicken. Dann verfrachtet er die Frau in seinen Streifenwagen.

Gohlis und Laubegast sind teilweise schon überflutet. Dort geben die Helfer entnervt auf. Auch von der benachbarten Flutrinne kommen jetzt Helfer in kleineren Grüppchen und stellen sich mit an den

Watzke-Damm. Obwohl es mitten in der Nacht ist, wird die Helferschar immer größer statt kleiner. Ein Feuerwehrmann bringt das bereits abgestellte Notstromaggregat wieder in Schwung. Das erzeugt Licht, um die Dammkrone beobachten zu können. Auch das durchsickernde Wasser wird wieder zurück in die Elbe gepumpt. Jubel brandet auf. Jetzt nehmen auch die anderen fünf Feuerwehrleute wieder ihre Posten ein. Sie verschwinden zwischen den vielen Zivilisten, sind aus dem Blick, an diesem so langen Damm. Nach einer Weile ist auch die Wirtin wieder da. Sie hat sich bei dem Polizisten entschuldigt. Der schüttelt nur den Kopf, angesichts der Kehrtwende der Feuerwehrleute. Die Wirtin verschwindet kurz im Haus und kommt mit einer vollen Biertrommel zurück. Ihr Gesicht ist verschmiert von Dreck und Tränen. Der Feuerwehrmann lehnt ab. Doch die Gruppe Studenten, die daneben steht, greift zu. Das Tablett ist schnell leer. Die Wirtin läuft nicht sofort wieder los, um Nachschub zu holen. Erst mal umarmt sie den Feuerwehrmann.

Der nun anbrechende Donnerstag bringt ein ganz anderes Problem. Die Helfer sind in der Minderheit. Schaulustige Gaffer beherrschen die Kötzschenbroder Straße und behindern die Arbeiten. Einer nimmt sich sogar zwei Sandsäcke vom Damm runter, um sich damit fotografieren zu lassen. Natürlich sind das spektakuläre Fotos. Die Wasseroberfläche der Elbe liegt schon oberhalb der noch trockenen Straße. Der Himmel ist blau. Das komplette Panorama des Fotos zeigt von links nach rechts nur diesen laienhaft aufgeschichteten Damm. Verärgerte Helfer schreien die Gaffer an, lieber zuzupacken, statt zu fotografieren. Die meisten wenden sich verständnislos ab. „Was die hier probieren, ist doch total sinnlos. Die große Flutwelle kommt doch erst noch. Dann werden die hier rennen wie die Hasen“, sagt einer der Fotografen. Der ist vielleicht zwanzig Jahre alt, hat Shorts an und ein knallbuntes Hawaii-Hemd. Stephan hört die abfälligen Bemerkungen. Er ist wütend. Wie kann dieser Schnösel so über den Existenzkampf der Anwohner hier sprechen? Und über die dutzenden Helfer, die diese Herausforderung annehmen. Klar kann es schief gehen. Aber wenn es gelingt, das Wasser an dieser Stelle tatsächlich abzuhalten, dann sind sie allesamt Helden. Früher hätte Stephan wahrscheinlich hingeschmissen und durchgerechnet, dass hier kein Sack mehr auf dem anderen bleibt, wenn die Elbe noch einen weiteren Meter steigt. Und das soll sie ja, wenn die Nachrichtensprecherin im Radio Recht behält. Diesmal nicht. Stephan ist nach der durchwachten Nacht, jetzt im Sonnenschein, so aufgedreht, dass das Adrenalin in ihm hochsteigt. Energisch geht er zu dem Gaffer und schubst ihn vom Damm, von seinem Damm. Es kommt zum Handgemenge. Die Stimmung ist aggressiv. Schnell bekommt Stephan Unterstützung. Die jungen Männer mit ihren Fotoapparaten trollen sich. Ihre hämischen Kommentare können sie sich dabei nicht verkneifen. Auch an anderen Stellen am Damm heizt sich die Atmosphäre auf. Damit die Situation nicht eskaliert, lässt die Polizei jetzt auch keine Zuschauer mehr durch die Straßenabsperrung. Die Lage beruhigt sich. Jedenfalls hinter dem Damm.

Das Wasser steht schon an der vierten Sandsackreihe. Am Abend sickert es überall durch den provisorischen Deich. Ängstlich sagt ein abgekämpfter und müder Helfer: „Das hält doch nie!“ Sein Nebenmann schiebt ihn wortlos beiseite und winkt den nächsten Kleintransporter mit Sandsäcken ran. Die Basis des Damms ist alles andere als fachgerecht gelegt. Das ist allen klar. Und der Wasserdruck steigt. Dann muss es eben die Masse machen. Der Damm ist an der Basis jetzt fast drei Meter breit. Alle klotzen noch mal richtig ran. Immer drauf. Alles, was kommt. Ein Kombi hupt. Die klassische Familienkutsche hält direkt vor Stephan. Es ist sein Vater. Auf der Rückbank winkt Eleonore. Torben schläft im Kindersitz. Stephans Vater steigt aus, drückt seinen erwachsenen Sohn. Als sie vor der offenen Heckklappe stehen, muss Stephan lachen. „Was anderes war nicht aufzutreiben“, entschuldigt sich Stephans Vater. „Wir haben einfach den Sand aus dem Buddelkasten reingeschippt.“ Im Auto stehen zwei Dutzend Aldi-Tüten aufgereiht. „Kannst du die gebrauchen?“ „Papa, wir nehmen alles. Auch Sand vom Discounter.“ Die Männer lachen und schleppen die Tüten gemeinsam auf den Damm. Der Vater will diesen innigen Moment ausdehnen. „Geht es dir gut, Junge?“ Eine Antwort bleibt Stephan schuldig. Ein kurzes Nicken muss genügen. Die nachfolgenden Autos hupen Stephans Vater weg. Torben ist aufgewacht und schreit. „Das ist mein Sohn“, ruft der Vater den Drängelnden zu. Er meint Stephan, nicht Torben. Beim Wegfahren lächeln sie sich glücklich an, Vater und Sohn.

Der Sandsackwall wächst für kurze Zeit schneller als das Wasser steigt. Das hat aber seine größte Welle noch in der Hinterhand. Können Einkaufstüten mit Spielplatzsand eine Jahrhundertflut aufhalten? Wie gefährlich ist es, wenn so ein Damm bricht? Mit Einbruch der Nacht ebbt die Zahl der Sandsacktransporte rapide ab. Viele der Freiwilligen müssen morgen früh wieder arbeiten. Müde sind alle sowieso. Etwa drei Dutzend Anwohner, Feuerwehrleute und Polizisten wachen in dieser Nacht am Watzke-Damm. Die Landstreicher-Wirtin versammelt ihre Leute um sich herum. „Ich danke euch allen, von ganzem Herzen. Doch eine zweite Nacht werden wir nicht mehr durchstehen. Die Elbe ist gnadenlos. Geht zu euren Familien. Ich habe registriert, wie sehr ihr um eure Arbeitsplätze kämpft. Aber jetzt ist Schluss. Wer gehen will, kann gehen. Ihr habt Großes geleistet“, sagt sie mit leiser Stimme. Fast alle machen sich auf, in ihre Betten. Sie müssen endlich mal schlafen. Eine Handvoll Freunde campiert im Restaurant, zusammen mit der Chefin des Hauses. Dort ist längst alles finster. Auch das Bier ist alle. Im Keller steht Grundwasser, das stetig durch die Ritzen im Fundament drückt. Der Strom ist abgeschaltet. Kerzen werfen Schatten in die Trostlosigkeit. Auch Stephan hat sich auf eine Sitzbank im Gastraum zurückgezogen. Nein, er wird nicht gehen. Er wird nicht nachgeben. Diesmal nicht. Die Aggregate brummen. Der Deich vor dem Restaurant ist etwa einen Meter hoch und hält jetzt einem Pegelstand von in Dresden noch nicht gekannten neun Metern stand.

Am Freitagmorgen hält er immer noch. Obwohl in den letzten Stunden so gut wie kein Sandsack dazugekommen ist. Die Laien staunen. Die Experten wundern sich. Das macht die erwachenden Helfer optimistisch. Neue Pegelstände machen die Runde, noch extremere. Das dämpft die Euphorie. Die eigentliche Bewährungsprobe steht dem dilettantischen Bauwerk noch bevor. Die schlimmsten Prognosen sagen für Dresden einen Pegelstand von neun Metern sechzig voraus.

In wenigen Stunden soll es so weit sein. Dann ist diese Welle da. Der Damm müsste noch wesentlich höher werden. Bis hierher brauchten die Helfer zwei Tage. Die Rechnung mit der verbleibenden Zeit bis zur angekündigten Welle geht nicht auf. Ungläubig schaut einer über die Dammkrone. Das Gehweggeländer steht schon lange unter Wasser. Und da sollen noch sechzig Zentimeter draufkommen? Erneut wird ein Skeptiker laut, wie sinnlos die Arbeit hier ist. Ein anderer fährt ihm über den Mund: „Ich habe schon in Laubegast umsonst tonnenweise Sandsäcke geschleppt, um meine Werkstatt zu retten. Wir machen weiter! Verstanden!“, herrscht er die Zauderer an. Als er das sagt, schießen ihm Tränen in die übermüdeten Augen. Zeit zum Diskutieren ist nicht. Der nächste Transporter rückt an. Alle haben verstanden.

In den Reihen der freiwilligen Helfer stehen nicht nur Männer. Die 14-jährige Luise hat ihre Mama zwei Tage lang gebettelt, um an der Elbe helfen zu dürfen. Die Mama hielt das für zu gefährlich für ein Mädchen. Doch fernab des Hochwassers, an der Hansastraße, dort durfte sie mithelfen, beim Abfüllen und Verladen der Sandsäcke. Jetzt kommt sie auf einem Lkw mit zum Watzke-Damm. Hoch oben sitzt sie auf der vollen Ladefläche und strahlt im grellen Sonnenlicht. Jetzt hat sie es doch geschafft. Die müden Helfer werden sofort auf dieses lebhafte Energiebündel aufmerksam. Das Mädchen springt gekonnt von der Ladefläche und robbt erstmal bäuchlings auf die meterbreite Dammkrone. Dabei ruft sie fröhlich: „Ich will doch mal sehen, wofür ihr die ganzen Sandsäcke überhaupt braucht.“ Ihr Kichern wird zum Juchzen, als hätte sie gerade etwas besonders Freches gesagt. Dann sieht sie den Wasserstand, den sie vor dem Damm stehend nicht sehen konnte. Die Wasserhöhe scheint sie zu schocken. Wortlos und mit aufgerissenen Augen springt sie zurück zum Lkw und wuchtet die Säcke mit herunter. Zwei Minuten später ist sie mit dem leeren Laster wieder weg.

Auf einem Balkon an der Kötzschenbroder Straße hat es sich eine korpulente Frau in der zweiten Etage bequem gemacht. Das Haus ist neu gebaut. Hochwasserschäden wären hier ein herber Verlust. Doch die Frau amüsiert sich über den Aktionismus vor ihrem Haus. „Hilf mal lieber, als zu glotzen", ruft ihr ein junger Mann in Arbeitskleidung hoch. „Ihr seid doch genug", ist ihre freche Antwort. Wut steigt in den Helfern hoch, die das gehört haben. „Für wen machen wir das hier überhaupt?" „Ich schufte doch nicht für die da oben." Das sind noch die feineren Kommentare. Es bleibt nicht bei den verbalen Attacken. Einer schmeißt mit Erde nach der Frau auf dem Balkon. Die revanchiert sich mit Gießwasser aus der Kanne. Das bricht eine ganze Salve Erdklumpen los. Die Frau rettet sich unter lautem Gezeter in ihre Wohnung. Kurz darauf ist der Polizist mit den losen Handschellen zur Stelle. Er kommt mit der Frau aus dem Hauseingang und führt sie bis hinter die Absperrung an der Leipziger Straße. Die Fluthelfer klatschen.

Inzwischen bleibt kaum noch eine Pause zwischen den ankommenden Fahrzeugen. Über Sinn und Unsinn der Tätigkeit macht sich keiner mehr Gedanken. Dafür bleibt keine Zeit. Alles funktioniert. Eine junge Helferin versucht, über Funktelefon ihre Mutter zu erreichen. Sie kommt aus dem bereits überfluteten Stadtteil Stetzsch. Im Haus ihrer Familie steht seit zwei Tagen die Elbe. Wo ihre Eltern übernachtet haben, weiß sie nicht. Sie wollten sich eigentlich über das Handy gegenseitig informieren. Doch sie kommt einfach nicht durch. Das Netz ist überlastet. Auch Stephan versucht immer mal wieder, von seinem „Arbeitsplatz" aus Anna zu erreichen. Ihr sagen, dass er sie immer noch liebt. Vergeblich.

Vieles wurde beim Anlegen des Watzke-Damms falsch gemacht. Aber dass der Damm nicht direkt vor den Grundstücken angelegt wurde, sondern auf dem gegenüberliegenden, dem elbseitigen Gehweg der Kötzschenbroder Straße, das erweist sich nun als strategischer Vorteil. Die Transportfahrzeuge können von der Leipziger Straße kommend längsseits an den Deich heranfahren. Und ohne wenden zu müssen, fahren sie über die Franz-Lehmann-Straße wieder ab. Das Gelände ist nur geschützt, weil die „Landstreicher"-Leute den Damm vom Watzke bis zu ihrem Restaurant gezogen haben. Intuitiv haben sie alles richtig gemacht. Obwohl sie keinen einzigen Katastrophenplan kennen. Der Kreisverkehr spart viel Zeit. Der Damm wächst zügig. Das liegt auch daran, dass die Zahl der Freiwilligen ständig steigt. Viele Arbeitgeber haben ihren Angestellten frei gegeben, um ihr eigenes Hab und Gut in Sicherheit zu bringen oder irgendwo zu helfen. Freitags machen viele aber auch zeitig Feierabend. Gegen Mittag sind es bestimmt schon zweihundert Helfer. Das Bauwerk wirkt immer sicherer. Hier, an der vordersten Hochwasserfront, macht sich wieder Zuversicht breit. Dafür sieht es in der benachbarten Sternstraße schlecht aus. Dort kann man normalerweise die Elbe gar nicht sehen. Jetzt kommt der Fluss näher und näher. Nur ein Dutzend Bereitschaftspolizisten und ein paar Anwohner kämpfen hier zwischen den Wohnhäusern mit den Fluten. Autos können nicht bis an die Wasserkante ranfahren. Wenden ist schwierig. Über Funk werden jetzt die Helfer vom nahe liegenden Watzke-Damm in die Sternstraße gerufen. Dort hat das Wasser die eilig angelernten Deichbauer regelrecht ausgetrickst. Die kleinen Dämme zwischen den Wohnhäusern halten zwar. Aber in den Häusern steigt das Wasser. Eine Tiefgarage ist voll. Die Keller sowieso. Nun füllen sich die Erdgeschosse von Häusern, die fern ab des alten Elbufers stehen. Das Wasser drückt von unten.

Die Helfer blicken verstört durch eine Scheibe einer Terrassentür. Drinnen steht das Wasser. Das Haus wirkt wie ein halb volles Aquarium. Der wesentlich höhere Wasserstand hinter den Dämmen erhöht die Kraft des Grundwassers. Es drückt immer stärker nach oben. Will auf das gleiche Niveau wie die übermächtige Elbe. In den Ritzen zwischen den Gehwegplatten bilden sich jetzt Hunderte kleiner Mini-Springbrunnen. Das Grundwasser hat sich seinen Weg an die Oberfläche gebahnt. In wenigen Minuten haben sich kleine Rinnsale gebildet, die das Wasser jetzt hinter den Sandsäcken zusammenlaufen lassen. Das ist nicht nur an der Sternstraße gefährlich. Das Wasser, das hier zusammenläuft, würde irgendwann den Watzke-Damm von hinten angreifen. Dann wäre doch nichts mehr geschützt. Schnell ist entschieden, dass ein Teil der Häuser an der Sternstraße dem Hochwasser überlassen werden muss. Die vorderste Kampflinie ist aufgegeben. Die Helfer stehen knietief in der braunen Brühe und schichten die abgesoffenen Sandsäcke zur Häuserreihe auf der anderen, etwas höher liegenden Straßenseite um. Die Transporte, die eigentlich für den Watzke-Damm bestimmt waren, werden hierher umgeleitet. Zwei Hundertschaften der Freiwilligen haben keine Mühe, in wenigen Minuten einen stabilen Damm aufzurichten. Er hält. Alle wissen ja inzwischen, wie es geht. Auch die Säcke sind nicht mehr so prall gefüllt wie noch zu Anfang. So schieben sie sich besser ineinander. Alle Hinweise laufen per Mundpropaganda durch die Reihen der Helfer. Das neue Bauwerk an der Sternstraße hält das Wasser tatsächlich auf. Auch das Grundwasser drückt an der neuen Stelle nicht mehr durch. Wie lange, weiß niemand.

Es ist Nachmittag geworden und die Schar der Helfer schwillt immer mehr an. Manche kommen mit Schaufeln. Die braucht hier aber keiner. Schleppen muss man können. Stephan hat das Gefühl, dass er schon tausend Säcke in der Hand gehabt haben muss. In den Häuserschluchten an der Sternstraße hat jetzt nur noch jeder zweite wirklich Arbeit. Der Großteil der Meute zieht wieder ab, zurück zum Watzke-Damm. Wegen der Aktion an der Flanke im Hinterland hat seit mehr als einer Stunde niemand mehr einen Sandsack auf den Watzke-Damm gelegt. Immer mehr Wasser quillt durch den Deich. Am meisten sammelt sich vor dem „Landstreicher", dem tiefsten Geländepunkt hinterm Damm. Weiter oben Richtung Ballhaus hat sogar die Kanalisation noch Wasser geschluckt. Doch das ist jetzt vorbei. Ein Pumpfahrzeug wird an den Damm beordert. Außer einem Auto der Stadtreinigung ist nichts mehr verfügbar. Und das auch erst in einer Stunde. Zu wenige Straßen sind noch befahrbar. Ein Polizist aus Nürnberg steigt auf die Dammkrone. Entsetzen steht in seinem Gesicht. Das Wasser steht schon wieder fast bis zum Rand.

Er sinniert mit seinem Kollegen darüber, was passieren würde, wenn jetzt der Damm nachgibt und bricht. Auch sie haben keine Hochwassererfahrung. Doch sie sind gerade die einzigen Uniformierten am Deich. Hier gibt es keinen anderen Verantwortlichen. Keinen Kommandeur. Am Watzke-Damm herrscht Anarchie. Die paar Männer von der Feuerwehr und vom Technischen Hilfswerk sind noch an der

Sternstraße. Die beiden jungen Polizeibeamten werden panisch, fordern alle Helfer auf, sofort die Arbeiten einzustellen und den Damm zu räumen. Die Menge murrt, folgt nur widerwillig und unter Protest. In diesem Moment kommt unerwartete Hilfe. Mit ohrenbetäubendem Dampferhupen fährt ein Tieflader in die Kötzschenbroder Straße ein. Auf dem Sattelauflieger türmen sich acht Tonnen Sand in zentnerschweren Mörtelsäcken verpackt. Der Fahrer schiebt seinen Kopf durch die offene Fahrertür und ruft: „Wird hier irgendwo Sand gebraucht?“ Die Meute johlt. Eine Gruppe von Helfern drängt die beiden Polizisten ab. Frauen und Kinder treten beiseite. Hier müssen die kräftigsten Männer ran. Die ersten wuchten sich einen der schweren Säcke auf die Schulter. „Hier zuerst hin!“, ruft eine Frau und lenkt den Herkules mit dem Riesensandsack zu sich hin. „Endlich mal 'ne ordentliche Größe“, flachst ein durchtrainierter Kerl. „Ja, da sparen wir uns heute mal das Studio“, antwortet sein Kumpel. Die Aufschriften auf ihren T-Shirts verraten, dass sie Mitglied im nahegelegenen Fitnesscenter sind. Im Nu ist der Tieflader leer. Ein zweiter steht schon in der Warteschleife. Dazwischen steht ein halbes Dutzend Pkws mit offenem Kofferraum. Die Stimmung ist wieder gelöster. „Die Trabis stören jetzt bloß. Wir brauchen richtige Autos, die ordentlich was mitbringen“, sagt einer der Kraftprotze. Tatsächlich hat sich ein Trabant in die Transportschlange eingereiht. Jeder hilft, wo er kann. Auch die beiden jungen Polizisten packen mit zu. Die größten Sickerstellen sind dank des Materials der beiden Tieflader gestopft. Der Damm wird immer breiter, aber damit die Straße auch schmaler.

Der Pegel steigt weiter und wieder schneller, um mehrere Zentimeter pro Stunde. Der Scheitel des Hochwassers kündigt sich an. Das Gehweggeländer an der Promenade der Kötzschenbroder Straße ist vollständig im Wasser versunken. Von einigen Helfern wurde es zuletzt als Kampflinie bezeichnet. An dem Geländer konnten sich die Amateur-Deichbauer gut orientieren, das war sozusagen ihr Nivelliergerät. Bis hierhin wollten sie den Damm hochkriegen. Sie haben es alle zusammen geschafft. Und doch reicht das noch lange nicht. Glücklicherweise steigt aber auch die Zahl der Helfer. Es müssen inzwischen über fünfhundert Menschen sein, die unermüdlich auf dem Watzke-

Damm rackern. Heute Abend sind die Klubs in der Neustadt schlechter besucht als üblich. Die Jugend von Pieschen baut ein beeindruckendes Monument. Nur vereinzelt sieht Stephan auf dem Deich Gesichter, die älter als vierzig wirken. „Leute, ihr glaubt nicht, was hier abgeht. Überall sind Menschen. Wie Ameisen auf einem Haufen“, ruft die „Landstreicher“-Wirtin in ein Telefon. Ihre Leute sind alle wieder da. Und haben noch andere mitgebracht. Die verteilen belegte Brote und Wasser an die Helfer. Manche haben seit Stunden nichts zu essen oder zu trinken bekommen. Auch die Fahrer der Autos, die Sandsäcke vom Lagerplatz an der Hansastraße bringen, reichen Getränke runter an die Helfer. Die beiden Soldaten, die einen Tieflader fahren, werden schlechter versorgt. Denen reichen die Helfer sogar Wasserflaschen hoch. Alles wird jetzt geteilt. Jeder muss bei Laune gehalten werden, wo es in die entscheidende Phase im Kampf mit der Elbe geht. Und in Pieschen wird gegen Abend immer mehr Bewohnern klar, dass nur noch dieser dilettantisch errichtete Damm ihre Häuser schützt, sonst nichts mehr. Auch Dieter ist wieder da, will in seiner Wohnung nach dem Rechten sehen. Die Polizei hält ihn zurück. Alle Häuser direkt am Watzke-Damm sind evakuiert. Nur weil er glaubwürdig versichert, dass er alles Essbare aus der Wohnung holen wird, um es zu verteilen, darf er hinein. Stephan fängt beim Verteilen eine Tüte Chips. „Nicht schlecht“, sagt sein Nebenmann in der Sandsackkette, „doch besser wäre es, wenn die dort noch mal aufmachen würden.“ Dabei zeigt er auf das neue Fastfood-Restaurant neben dem Ballhaus. Doch dort ist alles dunkel. „Ja, die könnten schon ein bisschen Dankbarkeit zeigen“, antwortet Stephan. Es ist witzig gemeint. Recht hat er aber. Würde der Watzke-Damm fallen, wäre das Schnellrestaurant dahin. Der Wasserstand der Elbe dürfte jetzt da drinnen Tresenhöhe haben.

Doch statt der Fast-Food-Leute kommt ein türkischer Imbissbesitzer mit einem großen Tablett Kaffee. Auch Stephan greift zu. Es ist ein erhabener Moment. Er lässt sich auf ein trockenes Stück der aufgestapelten Sandsäcke fallen und riecht an dem Pappbecher. Er riecht nur. Der Duft entführt ihn in eine andere Welt. Weg von dieser Baustelle, weg von dieser Angst, es nicht zu schaffen. Erst, als er sich satt gerochen hat, trinkt er. Jetzt nimmt er erst wahr, wie viele junge Menschen um ihn herum arbeiten. Es müssen tausend sein oder mehr. Auch an anderen Stellen des Deiches werden Getränke verteilt. Und Döner. Dann kommt sogar ein Kellner, noch in seiner schwarz-weißen Dienstuniform. Gekonnt trägt er ein riesiges Tablett auf der Handfläche über seinem Kopf. Oben drauf balanciert er ein Dutzend dampfender Eisbeine. Ein bizarres Bild. Besteck und Teller hat natürlich keiner. Aber Hunger. Großen Hunger. Als ein kräftiger Mann zugreifen will, warnt ihn seine Freundin: „Du hast doch totale Dreckfinger. Da klebt auch Flutwasser dran. Weißt du, was da alles drin schwimmt? Das Klärwerk ist überspült. Und in Tschechien soll Gift aus einem Chemiewerk in die Elbe geflossen sein." Der Mann zögert. Schließlich wird von irgendwoher Alufolie gereicht. Wahrscheinlich von einem Döner. Er benutzt sie als eine Art Serviette. So ist wenigstens für ein Mindestmaß an Hygiene gesorgt. Ein Bäcker kommt mit einem Lieferwagen voller belegter Brötchen. Er wittert ein gutes Geschäft mit den hungrigen jungen Männern, die am Watzke-Damm schuften. „Fünfzig Cent", sagt er, als einer ein Brötchen greift. Empört schmeißt der es wieder hin. „Du Halsabschneider! Wir retten deinem Stadtviertel hier den Arsch und du willst Kohle machen." Schnell werden andere auf das Brötchenauto und das Gezeter aufmerksam. Sie buhen den Bäcker so lange aus, bis dieser entnervt die Autotüren zuknallt und wegfährt. Zwischen den Hilfstransporten kommt er nur langsam vorwärts. Die Fahrt durch die Reihen der Helfer wird zum Spießrutenlauf. Mit donnernden Fäusten auf die Karosserie wird er verabschiedet.

Stephan ist fertig mit seinem Kaffee. Wohin mit dem Becher? Würde er ihn auf die Straße werfen, könnte er in ein Saugrohr geraten, das das Sickerwasser zurückpumpt. Er kann es auch in den Fluss schmeißen. Dort schwimmt schon so viel Dreck, da macht der kleine Pappbecher auch nichts mehr aus. Er steht auf und wirft ihn lässig aus dem Handgelenk über die Deichkrone. „Wahnsinn", entfährt es ihm. In Augenhöhe fährt plötzlich vor ihm in der Dunkelheit ein Schlauchboot der Wasserpolizei vorbei. Es ist besetzt mit Menschen. Angestrahlt vom Lichtturm der Feuerwehr am Ufer wirkt das Schiffchen kulissenhaft. Wie in einem Schleusenbecken hat der gigantische Damm den Wasserspiegel der Elbe nach oben gedrückt. Was müssen hier für Kräfte wirken, denkt sich Stephan. Er lässt sich davon aber nicht verängstigen. Im Gegenteil. Er stellt sich wieder in die Reihe und schleppt, hebt, wirft und legt die Sandsäcke dorthin, wo er es für richtig hält. Es ist eine endlose Fahrzeugkolonne. Kurzzeitig entsteht ein Stau. Vor Stephan hält ein Kleintransporter mit Schuhwerbung an den Seitenwänden. Es ist der Name des Ladens, in dem Anna vor Tagen ihre roten Schuhe gekauft hat. Die Fahrerin berichtet, dass sie eine Dreiviertelstunde in der Schlange wartender Transportfahrzeuge stand, um an den Deich zu kommen. Von nun an werden nur noch Lkws herandirigiert. Die Autos mit einer Handvoll Säcken im Kofferraum sollen ihre Fracht in die engeren Seitenstraßen fahren. Auch dort wird intensiv gestapelt. Ein Pkw hat es dann doch noch mal geschafft, sich zwischen die Laster zu schmuggeln. Stephan kommt das Auto bekannt vor. Es ist ein blauer Opel. Genau so einen fährt Anna. Sie ist es tatsächlich. Im Schritttempo fährt sie den Damm entlang und sucht Stephan. Zwischen den Hunderten Gesichtern kann sie Stephans aber nicht entdecken. Er steht oben, fast auf der Dammkrone und legt die Sandsäcke an ihre Position. Es ist die verantwortungsvollste Aufgabe beim Dammbau. Anna erkennt ihn nicht. Zu viele Gesichter lächeln ihr zu, versperren die Sicht. Selbst, als sie wenige Meter an ihm vorbeifährt, kann sie ihn nicht entdecken. „Anna“, ruft Stephan ihr hinterher. Er verlässt seinen Posten, springt den Damm hinunter und läuft zu dem stoppenden Auto. Stephan freut sich. „Ich habe die ganze Zeit versucht, dich zu erreichen. Aber das Funknetz ist wohl überlastet.“ Anna guckt ernst. „Ich fahre jetzt. Kommst du mit?“ „Ich kann jetzt hier nicht weg. Wie stellst du dir das vor? Wir kämpfen hier um unsere Heimat. Wie hast du mich überhaupt gefunden?“ „Dein Vater hat gesagt, dass du hier bist. Festnetz hat funktioniert. Kommst du nun mit?“

Ein junger Mann hat eigenmächtig Annas Kofferraum geöffnet. Er hält eine Reisetasche hoch und fragt: „Ist da Sand drin?“ „Nee, nur Dreckwäsche“, fährt Anna ihn an. „Gib mal her. Das ist meine“, sagt Stephan zu dem Helfer. Er nimmt sich seine Tasche und drückt sie fest auf den Damm. Anna wirft die Kofferklappe zu und drängt: „Kommst du nun? Jetzt wird es wirklich knapp." Ein Feuerwehrmann fordert sie auf, endlich weiterzufahren. Die nächsten Lkws warten auf ihre Entladung. Anna beachtet ihn aber gar nicht. Sie schaut Stephan so intensiv an, als würde sie ihn hypnotisieren wollen, als könnte sie mit der Macht ihrer Gedanken in Stephans Mund die Worte formen, die sie gern hören würde. Doch Stephan sucht nach eigenen Worten. Wie sagt man einem lieben Menschen Nein? Stephan weiß es nicht. Das hat ihm niemand beigebracht. Ja sagen, das kann er gut. Der Feuerwehrmann wird ungehalten und stellt sich zwischen die beiden. Energisch redet er auf Anna ein. „Ich fahr ja schon", sagt sie gereizt und lässt den Motor an. Stephan schaut ihr nach. Ungewollt steht er in einer Menschenkette. Ihm wird ein Sandsack an seine herunterhängenden Arme gedrückt. Er greift ohne hinzugucken zu. Dann stemmt er den Sack auf seine Tasche. Lässt sich den nächsten reichen und feuert den neben den anderen. Und den nächsten und nächsten. Bis die Tasche Stück für Stück begraben und Anna nicht mehr zu sehen ist.

Gegen Mitternacht macht die Meldung die Runde, dass der Scheitel des Hochwassers Dresden erreicht haben soll. Neun Meter sechzig waren angekündigt. Ist der Damm hoch genug? Wird er dem Wasserdruck standhalten? Angeblich soll die Elbe inzwischen ungehindert in die Altstadt fließen. Auch an der Flutrinne soll ein Damm gebrochen sein. Auf der Elbepark-Seite. „Je mehr Dämme brechen, desto eher hält unserer", sagt der kräftige Eisbein-Esser. Seine Freundin boxt ihm in die Seite. „So etwas wünscht man niemandem", sagt sie. Ihr Freund nickt. Aber alles macht Hoffnung, was darauf hindeuten könnte, dass die angekündigte Welle nicht ganz so hoch ausfällt. Je mehr Wasser vorher abfließt, desto kleiner ist der Scheitel der Flutwelle. Bis zur Deichkrone am „Landstreicher" sind noch ein paar Zentimeter Luft. Aber wie viele Zentimeter werden noch gebraucht? Und bis zu welcher Wasserhöhe kann ein stümperhaft errichteter Sandsackdamm gegenhalten?

Die immer weicher werdende Basis des Damms braucht noch mehr Masse, um dem immensen Wasserdruck standzuhalten. Das glauben jedenfalls die Laien, die heute Nacht am Elbeufer die Heldenrolle übernehmen. Der Watzke-Damm ist jetzt etwa zwei Meter hoch und fast fünf Meter breit. Über die volle Länge. Gefährlich wird es noch einmal an der Stelle des Damms, wo direkt dahinter die ganze Zeit über das Pumpfahrzeug von der Stadtreinigung stand. Dort konnte kein Transporter halten. Um das Auto wurde herumgebaut. Jetzt drückt das Wasser kräftig durch den Deich. Das Pumpauto muss schnellstens weg. Zum Glück ist schon der nächste Sattelschlepper mit Baumaterial da. Wo Kaffee drauf steht, ist Sand drin. Stephan wundert sich, wo in Dresden so viele Säcke für Kaffeebohnen herkommen. Bevor er fragen kann, ist der Laster schon wieder davongefahren.

Mit Einbruch der Nacht bröckelt die Motivation. Innerhalb von einer Stunde hat sich die Zahl der Helfer halbiert. Es ist die dritte Nacht, die Stephan hier campiert. Nur zweimal geht er kurz weg, mit einer kleinen Gruppe zu einem Toilettengang in eine Wohngemeinschaft an der Bürgerstraße. Trotz der Fluktuation sind es immer noch mehrere hundert Helfer, die auf den Schlusspunkt der gewaltigen Gemeinschaftsaktion warten. Entweder sie besiegen das Hochwasser, oder sie müssen rennen, wenn der Damm bricht. Sie sind vom Sandsackschleppen zwar völlig erschöpft, aber sie bleiben in Habachtstellung. Es ist vier Uhr nachts. Stephan krabbelt wieder mal auf die Dammkrone, um nach dem Wasserstand zu sehen. Es kommt ihm so vor, als ob das Wasser nicht mehr steigt. Vielleicht ist der Pegel sogar gefallen. „Kommt mal jemand mit einer Taschenlampe", fordert Stephan. Er will sich vergewissern. Stephan bleibt zwar unsicher, doch auch die anderen wollen jetzt beobachtet haben, dass das Wasser nicht mehr steigt. Sogar ein, zwei Zentimeter zurückgegangen sein muss. Sollten sie es tatsächlich geschafft haben, allen Unkenrufen zum Trotz?

Dann läuft der Polizist, der bisher am Abzweig von der Leipziger Straße die Anfahrt der Laster koordiniert hat, den Damm entlang und sorgt für Gewissheit. „Das ist jetzt der letzte Lkw. Nur noch diese Ladung hier abladen, dann haben wir es geschafft. Ich habe gerade die Meldung bekommen, dass die Flutwelle bei uns durch ist." Sollte das wahr sein? Haben es diese beherzten Menschen tatsächlich geschafft, ihr Stadtviertel zu retten? Zum Jubeln wäre es noch zu früh. Die Fluten werden noch ein paar Stunden auf den Damm drücken. Die Pumpen sollten besser noch nicht abgestellt werden. Ein Dutzend Uniformierte überwacht die Geräte, die noch an den Notstromaggregaten hängen. Die meisten Zivilisten sind gegangen. Die anderen liegen erschöpft auf dem Damm. Auch Stephan. Er schaut in den Sternenhimmel. So funkelnd hat er ihn noch nie gesehen. Dann schließt er die Augen und träumt sich nach Hause. Die Stimme der „Landstreicher"-Wirtin holt ihn zurück. Von ihr fällt jetzt die Anspannung komplett ab. Schluchzend läuft sie am Damm entlang und wiederholt einen Satz immer wieder und wieder. „Wie soll ich mich jemals dafür bedanken?"

Nachwort

Das von der Weißeritz-Flut 2002 weggerissene Haus auf der Teufelsinsel in Ulberndorf wurde nie wieder aufgebaut.

Am Watzke-Damm in Dresden haben die Fluthelfer weit mehr als 130.000 Sandsäcke aufgeschichtet.

Für seinen selbstlosen Einsatz ohne Rücksicht auf das eigene Leben nahm Jens Kummer von der Wasserwacht Freital aus den Händen von Bundespräsident Johannes Rau das Bundesverdienstkreuz am Bande entgegen.

Dieses Buch ist all jenen gewidmet, die sich ehrenamtlich für in Not geratene Menschen einsetzen.

Dank

Besonderer Dank geht an Mario Apel, Michael Ebert, Klaus Gertoberens, Jens Kummer, Anja Radzanowski, Ralf Schindler, Sören Schellenberg und Ute Stöhr, ohne die das Buch in dieser Form nicht entstanden wäre. Außerdem danke ich meiner Familie, die mich während der Arbeit an diesem Buch immer unterstützt hat.

WEITERHIN IM VERLAG ERSCHIENEN:

Tom Pauls und Mario Süßenguth
Ilse Bähnert und der Frosch ohne Maske
ISBN 978-3-938325-94-0
€ [D] 9,90

WEITERHIN IM VERLAG ERSCHIENEN:

Tom Pauls und Mario Süßenguth
Ilse Bähnert jagt Dr. Nu
ISBN 978-3-938325-69-8
€ [D] 9,90

WEITERHIN IM VERLAG ERSCHIENEN:

Tom Pauls und Peter Ufer
Das wahre Leben der Ilse Bähnert
ISBN 978-3-938325-22-3
€ [D] 9,90